AF282908

JOSÉ CARLOS BERMEJO

ESTOY EN DUELO

PPC

Diseño de cubierta: Estudio SM

© 2024, José Carlos Bermejo Higuera
© 2024, PPC, Editorial y Distribuidora, S.A.
        Impresores, 2
        Parque Empresarial Prado del Espino
        28660 Boadilla del Monte (Madrid)
        ppcedit@ppc-editorial.com
        www.ppc-editorial.com

ISBN 978-84-288-4189-4
Depósito legal: M 16328-2024
Impreso en la UE / *Printed in EU*

*A ti, que lloras
porque amabas.*

PRÓLOGO A ESTA EDICIÓN RENOVADA

¡Amigo lector: tienes en tus manos un libro para leer, un libro para regalar… en un momento difícil de la vida: cuando sufrimos porque se nos rompen los vínculos significativos que hemos ido tejiendo con las personas a las que hemos amado y seguimos amando después de su muerte.

Escribí este libro también yo habitado por el dolor de mis pérdidas. Podría decir incluso que habitado por la rabia experimentada por una pérdida inesperada. No sé si también por eso tiene un aire muy testimonial. Pero es que también me dediqué a recoger testimonios de personas en duelo para ilustrar lo que quería comunicar con la experiencia directa de los protagonistas.

Este es, para mí, un libro especial. He perdido la cuenta de los libros que he escrito. No sé si cincuenta o sesenta… Algunos en compañía, muchos solo. Varios sobre duelo, otros sobre temáticas relacionadas con la humanización del mundo de la salud, desde diferentes ópticas. Pero este, sinceramente, es especial. Déjame que te lo diga: me siento orgulloso de estas páginas por el bien que me han dicho muchas personas que les ha hecho.

Ya ha llegado a varias decenas de miles de personas, y no son pocas las que me han escrito o me he encontrado con ellas en cualquier lugar del mundo por el que me muevo –varios países y continentes– y me han abordado: «Tu libro me ayudó a caer en la cuenta de que no me había vuelto loca»; «sentí que alguien me comprendía, porque parecía que nadie se hacía cargo de lo que yo estaba viviendo; «al leerlo, pude ver que mi proceso es normal, incluso dentro de su rareza y complejidad»; «nunca pensé que esto lo vivían también los demás»; «el proceso de los testimonios que cuentas me reforzó en mi trabajo de duelo…», son algunas de las expresiones que he ido recogiendo de diferentes lectores.

Esto ha infundido en mí el firme convencimiento de que este sencillo libro es muy especial. Está cargado de… sencillez. Pero más aún de conexión con los rincones del corazón del que sufre por la pérdida de un ser querido. *Toca* allí donde duele.

Y *duele de verdad*. Pero provoca sanación. Ayuda a valorar la vida compartida, a caminar buscando la luz, a agradecer el regalo de la relación, a cultivar sanamente el recuerdo, a hacer las paces con lo que no se puede cambiar, a reconciliarse con la propia historia.

Al leer este libro se mira atrás y adelante, se camina a ritmo personal, pero a la búsqueda de un corazón no solo dolido, no solo roto, sino también buscador del remiendo adecuado.

Desde que fuera publicado en su primera edición, creo que podemos decir que asistimos a un proceso de humanización de la mirada al fenómeno del duelo. Ahora somos más sensibles a esta forma de sufrimiento. Se han creado «centros de escucha» especializados en diferentes ciudades, tras el inicio del Centro San Camilo en Madrid y Tres Cantos. Se han publicado más libros sobre el duelo, pero quizá no tantos *para el doliente*. Se ha creado un máster universitario de intervención en duelo… Todo esto, fruto de la reflexión, de la experiencia, de la investigación.

Nada quitará el dolor del corazón, pero todas estas iniciativas contribuyen a humanizar la experiencia del duelo, a no dejar que se viva en el abandono, en la soledad o en la incomprensión. Y… un libro también es un buen compañero que –paradójicamente– puede hacerte sentir *escuchado*. Porque alguien ha puesto por escrito lo que tu corazón está viviendo, lo que necesita decir. A veces no lo cuenta porque puede dar vergüenza, o parecer irracional, o provocar culpa… pero el corazón tiene sus leyes y sus razones. También estas pueden ser narradas con las palabras de los testimonios.

Deseo que este libro siga circulando por el mundo, caiga en las manos de los que están en duelo. Deseo que sea leído por sugerencia de otros, porque es encontrado mientras se busca ansiosamente una salida… Deseo que nunca sea impuesto, que nadie diga a otro lo que tiene que sentir o vivir, sino que estas páginas caigan en un contexto de respeto sagrado por la experiencia única de cada uno, de acogida incondicional del color de los sentimientos vividos en primera persona, de comprensión tímida del amasijo de pensamientos, sentimientos, comportamientos… que se dan cita en la vivencia del duelo.

Dentro de los diferentes modelos interpretativos que hoy contamos en la aproximación al fenómeno del duelo[1], no nos decantamos de manera cerrada por ninguno. Conociendo diferentes enfoques teóricos que ayudan a su comprensión, hacemos referencia a ellos con libertad y soltura, pensando solo en lo que puede ayudar al doliente en el bálsamo de la lectura.

En esta edición renovada y ligeramente aumentada he añadido otra vez algunos párrafos que me han parecido oportunos para completar algunas reflexiones de interés, y he actualizado las referencias, aun sin ánimo de ser exhaustivo, puesto que no quiere ser un «tratado sobre el duelo», sino un recurso de refuerzo y de esperanza para el doliente. Así también informo al lector de los libros que he escrito sobre duelo, con focos diferentes: la dimensión espiritual, los aspectos digitales, la esperanza, las pulgas —o factores que lo complican—, la oración…

Amigo lector, si estás en duelo, déjame pedirte perdón por entrometerme en tu experiencia, desconocida para mí. Pero déjame también invitarte a caminar con libertad por estas páginas, a tu ritmo, según te pida el cuerpo, según te esfuerces por buscar luz, según quieras homenajear también a quien sigues amando y ha muerto y, por tenerlo vivo en tu corazón, deseas cuidar tu modo de pensar, de sentir, de recordar… de vivir, en el fondo. Déjame que te invite a vivir este momento sanamente. Es posible. Y si algo en tu interior te dice que necesitas ayuda, yo me atrevo a decirte: los fuertes no son aquellos que no necesitan ayuda, sino aquellos que tienen el coraje de

---

[1] Es muy útil la síntesis que hace L. NOMEN, *El duelo y la muerte.* Barcelona, Pirámide, 2007.

pedirla cuando la necesitan. Pide ayuda. Sigue leyendo y… te acompaño en esos sentimientos que vives intensamente, con cariño

José Carlos Bermejo
abril de 2024
www.josecarlosbermejo.es

INTRODUCCIÓN

Desde hace años me encuentro con personas que me hacen esta pregunta: «¿Qué le puedo regalar a mi amigo, a mi madre, a mi padre, a… para que lea y le ayude, porque se le ha muerto…?». ¡Qué deseo tan noble el de salir al paso del dolor ajeno por la pérdida de un ser querido! Parece como si en él nos viéramos, en cierta medida, reflejados. Parece que el dolor del doliente nos hiere y deseamos salir a su paso.

Este libro ha sido escrito no como un tratado sobre el duelo, sino pensando en la persona que vive la pérdida de alguien a quien amaba y que ha fallecido recientemente. Está en duelo, elabora el dolor; y el dolor vivido en soledad, sin ninguna luz, es más dolor que el dolor compartido, confrontado con la experiencia de otros semejantes y desahogado con quien está dispuesto a escuchar y caminar juntos en la solidaridad emocional.

El duelo, en todo caso, apunta en el cuaderno de la vida una nota de verdad. No permite, como otras situaciones de la vida, una negación total ni su ocultamiento. Reclama verdad. Quizá reclame nuestra verdad más grande y hermosa: el valor del amor y nuestra verdad más trágica: la soledad radical que nos caracteriza.

En el libro *Una pena en observación,* de C. S. Lewis, se nos muestra cómo el dolor de la pérdida, además de ser el precio del amor, está asociado con la conciencia de la pérdida y su significado. Lewis relata mientras elabora la pérdida de su amada:

> Permanezco despierto toda la noche con dolor de muelas, dándole vueltas al dolor de muelas y al hecho de estar despierto. Esto también se puede aplicar a la vida. Gran parte de una desgracia cualquiera consiste, por así decir, en la sombra de la desgracia, en la reflexión sobre ella. Es decir, en el hecho de que no se limite uno a sufrir, sino que se vea obligado a seguir considerando el hecho de que sufre. Yo, cada uno de mis días interminables, no solamente lo vivo en pena, sino pensando en lo que es vivir en pena un día detrás de otro[2].

En el fondo, la reflexión sobre la realidad, a la vez que dolernos, nos humaniza, nos hace más conscientes de su significado, a la vez que nos hiere más hondo.

No pretendo en estas páginas dar recetas para quien vive en duelo. No las conozco. Más bien se trata de compartir algunas reflexiones sobre el significado del duelo, sobre los tipos de duelo y el modo de vivirlos saludablemente, sobre las cosas que nos suelen ayudar y las que no, sobre cómo vivimos las implicaciones prácticas de la pérdida, como el qué hacer con las cosas del difunto, los lugares que frecuentaba, la oportunidad de ir al cementerio…

Quiero pensar en el dolor sin negarlo, sin dulcificarlo, pero también sin reducirlo a una experiencia oscura y sin salida. Por eso, estas páginas quieren

----

[2] C. S. Lewis, *Una pena en observación.* Barcelona, Anagrama, 1994, pp. 17-18.

estar coloreadas de esperanza, esperanza de afrontamiento saludable del dolor, esperanza de aprender con ocasión del dolor, esperanza que invita a trascender lo que vemos y sentimos.

No es el olvido la clave que sugiero como camino para vivir sanamente el duelo, no. Más bien creo que el duelo se elabora sanamente según se va aprendiendo a recordar, según se va pudiendo invertir energía en nuevos afectos, según se van dando pasos para situar al ser querido en el corazón, donde puede vivir para siempre, donde la tristeza no es la única nota de la melodía que toca entonar, sino que puede sonar también al ritmo de la esperanza.

Quiero imaginar este libro no solo en manos de quienes se interesan por el tema, sino especialmente en manos de los tristes y dolidos por su pérdida reciente. Deseo que se puedan encontrar en estas páginas algunas migajas de consuelo al sentirse comprendidos, a la vez que, al comprender con más hondura, la naturaleza tan personal de este dolor. Imagino este libro como un lugar donde la sedienta sensación que queda tras la pérdida, el doliente la reconoce, la sana y, al final, vislumbra la esperanza.

Los testimonios que he recogido y que cito son reales, son experiencias de personas que me han brindado el regalo de narrar lo que les habita, lo que piensan, lo que sienten, con la esperanza de que su dolor tenga el color también de la fecundidad: que ayude a otras personas a sentirse misteriosamente en sintonía. Agradezco sinceramente este esfuerzo a mi sobrina Paula, a Rosa, a Pedro, a Marisa y a otras personas que me han ayudado en esta tarea.

1

HE PERDIDO A UN SER QUERIDO Y ME DUELE

Ya sé que todos nos tenemos que morir; ya sé que la muerte es algo que se impone, que es algo natural, que antes o después nos llega a todos. Ya lo sé. Y, sin embargo, ahora a quien me duele es a mí. Y me duele como he visto que dolía a otras personas cuando perdieron a seres queridos y les he intentado acompañar con mi comprensión y mi cercanía.

Pero ahora me duele a mí. Y hasta dudo, a veces, de que alguien pueda hacerse una idea de cuánto me duele.

La muerte de un ser querido nos pone irremediablemente ante el misterio de la vida. Nos impone silencio; y el silencio, vacío; y el vacío, reflexión inevitable.

Se puede decir, de alguna manera, que la muerte nos hace a todos filósofos, pensadores sobre el sentido último de la vida, de las relaciones, del amor.

Pero no es un pensar cualquiera el que desencadena la muerte, sino un pensar sintiendo intensamente, un vivir ante el enigma que nos embaraza a todos de posibilidad de engendrar y parir sentido. La muerte, así, puede enseñar a vivir y a humanizarnos.

El duelo reclama zurcir los «rotos» del corazón que se hacen con la pérdida y aquellos otros descosidos que aparecen del pasado, sanando con paciencia, al hilo de la soledad y, en el mejor de los casos, de una buena compañía, la nueva vida.

Pero todo tiene su tiempo. De hecho, también en el duelo se puede hablar de fases, de proceso. No es lo mismo el mismo día del fallecimiento de un ser querido que un año después. No es que el tiempo todo lo cure, no. Pero nuestro corazón vive de manera distinta los diferentes momentos.

Perder a un ser querido puede ser la causa de la mayor de las infelicidades, el trauma mayor de la vida, con su poder destructor. Y puede ser también una oportunidad. Una oportunidad porque el morir y la muerte reclaman verdad y verdades que aprender; y pueden contribuir a humanizarnos.

1. El duelo: «El precio del amor»

No podemos amar sin dolernos. El duelo es un indicador de amor, como el modo de vivirlo lo es también de la solidaridad y del reconocimiento de nuestra limitación y disposición al diálogo. De igual manera que hay duelos mal elaborados en la raíz de situaciones de enfermedad y de exclusión y marginación, hay también duelos que constituyen una oportunidad para reconstruir lazos que estaban rotos o debilitados, para aprender de nuevas relaciones, para dejarse cuidar y querer, para cultivar el sano recuerdo y darle el valor que tiene la memoria, para reconocer el poder humanizador de las lágrimas y... del pañuelo.

En efecto, el duelo es esa experiencia de dolor, lástima, aflicción o resentimiento que se manifiesta de diferentes maneras, con ocasión de la pérdida de algo o alguien con valor significativo.

En todo caso, el duelo por la pérdida de un ser querido es un indicador del amor hacia la persona fallecida. Es el precio de la ruptura del vínculo que teníamos con aquel a quien seguimos amando y ya no está en las coordenadas del espacio y del tiempo, pero sigue vivo en nuestro corazón. Es, podríamos decir, como una amputación en nuestra vida, que nos deja sin algo de nosotros mismos y nos desafía a vivir integrando la pérdida, sin esa parte de nosotros mismos que hemos perdido con la muerte del ser querido[1].

No hay amor sin duelo. No se puede amar y pretender que no nos duela perder a quien queremos. O nos pierden o perdemos, o les duele o nos duele. Morirse juntos es también posible, pero siempre quedarían personas queridas. No podemos morirnos con todas las personas a las que queremos y nos quieren. De este dolor no nos escapamos. Alguien tiene que perder al otro, antes o después; y esto se produce con dolor. «El dolor del duelo forma parte de la vida exactamente igual que la alegría del amor; es, quizá, el precio que pagamos por el amor, el coste de la implicación recíproca»[2].

Se diría que, por doloroso que resulte, forma parte de la condición humana. Incluso, por extraño que

---

[1]   Cf. J. ALLOUCH, *Erótica del duelo en tiempos de la muerte seca*. Buenos Aires, El Cuenco de Plata, 2006.

[2]   C. M. PARKES, *Il lutto: studi sul cordoglio negli adulti*. Milán, Feltrinelli, 1980, p. 18.

pudiera parecer decirlo, si la muerte no nos arrancara a los seres queridos, si viviéramos indefinidamente, la vida perdería su color, moriría la solidaridad ante la vulnerabilidad ajena, la eternidad del vivir como ahora, nos quitaría sabor a las experiencias humanas, que lo tienen también por ser finitos, limitados, mortales.

Lo que más me duele es pensar que estoy sola, porque, en realidad, es como me siento, muy sola. Tengo gente que me acompaña, mi familia, mis amigas, compañeras, pero me falta lo más importante: «Mi amor». No tengo a la persona a la que contaba mis secretos, la única persona que podía saber las cosas que yo pensaba y la que me ayudaba a subir las escaleras tan resbaladizas de esta bella vida, como él acostumbraba a decirme.

Me duele en el alma cuando llegan las siete de la tarde y no viene a buscarme. Mi teléfono ya no suena como antes, ya no sale su nombre en la pantalla y sé que jamás volverá a salir.

Me duele irme a la cama y pensar que jamás voy a volver a verlo ni a estar con él, que jamás me dará un abrazo ni me acariciará como lo hacía; que jamás me volverá a dar un beso ni a decirme que me quiere.

No es la razón precisamente la instancia que más nos ayuda en los momentos de dolor por la pérdida de un ser querido, aunque a veces pareciera que lo deseáramos y que pretendiéramos hacernos estoicos e intentar consolarnos con argumentos en lugar de con afectos. Nunca, en el dolor por la pérdida de un ser querido, alcanzará ningún razonamiento ni ninguna frase, por bienintencionada que sea dicha, el valor y la densidad de un signo que exprese cercanía y afecto, comunión y acompañamiento en el sentimiento –cualquiera que sea– que se vive.

En la antigüedad clásica, el consuelo por la razón era el que tenía valor; incluso el razonamiento aplastante del silogismo: «Todos los hombres son mortales. Sócrates es un hombre. Por consiguiente, Sócrates es mortal». Es un razonamiento deductivo aristotélico. El advenimiento del cristianismo en la historia de la humanidad supuso una superación de esta forma de consuelo y un desplazamiento de la atención a la importancia del mundo emocional, subjetivo, de la experiencia del sufrimiento, que abre el camino al consuelo por caminos compasivos, diferentes al razonamiento.

Melanie Klein dice que el proceso de elaboración del duelo significa reinstalar dentro de uno mismo a los seres queridos; darles una presencia interna en la que el ser perdido no sea un perseguidor interior que genere culpa, sino buen recuerdo, con la dosis correspondiente de melancolía que Freud nos ayudó a comprender que va asociada al duelo.

El sufrimiento que experimentamos con ocasión del duelo nos interpela en lo más hondo de nuestra vida, donde nos preguntamos también por el sentido. Resuena también la respuesta que Buda dio a diferentes personas que se le acercaron cuando él estaba reunido con sus discípulos.

–¿Existe Dios? –le preguntó uno que se le acercó por la mañana.

–Sí –respondió Buda.

Después de comer se acercó otro hombre:

–¿Existe Dios? –quiso saber.

–No, no existe –dijo Buda.

Al final de la tarde, un tercer hombre hizo la misma pregunta:

–¿Existe Dios?

–Tendrás que decidirlo tú mismo –respondió Buda.

–Maestro, ¡qué absurdo! –dijo uno de sus discípulos–. ¿Cómo puedes dar respuestas diferentes a la misma pregunta?

–Porque son personas diferentes –respondió el Iluminado–. Y cada una de ellas se acercará a Dios a su manera: a través de la certeza, de la negación y de la duda.

Así también cada persona tiene una experiencia muy particular del dolor, interpelándose por el sentido último de la vida con ocasión de la pérdida. Todos nos hacemos un poco filósofos al dolernos por un ser querido; todos nos preguntamos –acaso secretamente– por las cosas más fundamentales de nuestra vida y su sentido.

Quizá una sociedad pueda juzgar su grado de humanidad también por el modo en que afronta el duelo. En él se percibirá si lo esconde, lo privatiza, lo niega; o si, por el contrario, lo socializa, lo comparte, lo expresa y lo aprovecha para la búsqueda del sentido del vivir. En las últimas décadas estamos experimentando un interés creciente por esta forma de sufrimiento inherente a la condición humana. Este hecho representa un indicador de humanización. De esta nueva sensibilidad surgen diferentes iniciativas concretas de acompañamiento, así como un mundo de especialistas, particularmente en un duelo complicado[3].

2. Las reacciones más normales

Cuando experimentamos la pérdida de un ser querido en primera persona, una de las cosas que más frecuentemente nos ocurren es preguntarnos interiormente si lo que nos pasa es normal. Todos hemos visto manifestaciones externas de dolor, pero, cuando la experiencia es personal, cuando saboreamos los sentimientos personalmente y vivimos en la propia carne las sensaciones, nos surge la duda de si son normales. Son, eso sí, inevitablemente personales.

Las reacciones de cada uno a la pérdida de un ser querido dependen también de numerosos factores. No reaccionamos de igual manera en las diferentes culturas. Tampoco reaccionamos igual si fallece el abuelo, enfermo, en circunstancias ya anunciadas, que si fallece un ser querido en un accidente. No es lo mismo que la causa sea natural o que el fallecimiento se produzca por accidente, acto violento o por suicidio. Evidentemente, no es lo mismo perder a un hijo que perder a un padre. Aunque en todos los casos «el dolor duele».

Si la muerte se ha producido inesperadamente, las reacciones iniciales tienen más que ver con el *shock*, la

---

[3] Cf. M. MAGAÑA, *Introducción al duelo*. Santander, Sal Terrae, 2021.

rabia, el aturdimiento, la negación, la incredulidad («no es posible»).

Sin duda, influyen en el modo de elaborar el dolor por la pérdida de aquellas personas de las que el superviviente puede heredar bienes, lo que se conoce como las «pulgas del duelo»[4]. No son pocas las personas que sufren por los conflictos que genera el reparto de los bienes materiales con ocasión de la muerte de un ser querido. Diríamos: no era necesario que esto se añadiera al sufrimiento de la pérdida. Es una incómoda pulga que pica y duele y puede infectar el proceso. Como también están las pulgas internas, a veces hechas de experiencias vividas en el pasado que, con ocasión de la pérdida, son evocadas y, diríamos, siguen picando.

En todo caso, y a *nivel físico*, es normal que se produzcan alteraciones, sobre todo en la fase inicial, tales como sollozo, dificultad para respirar, rigidez física, sequedad en la boca, falta de apetito, temblores, desvanecimiento, dolor de cabeza, insomnio, «punzadas en el pecho», debilidad generalizada, falta de deseo sexual, inquietud, problemas gástricos, mareo, etc. Este «duelo del cuerpo» debe ser escuchado y acompañado[5], porque, si no se presta la debida atención, pueden cursar en patologías físicas o psíquicas.

---

[4] Cf. J. C. BERMEJO / C. SANTAMARÍA, *El duelo. Luces en la oscuridad.* Madrid, La Esfera de los Libros, 2011, pp. 197ss. En este trabajo se describen diferentes tipos de «pulgas», algunas de las cuales llevamos dentro (pensamientos que evocan experiencias dolorosas, por ejemplo), otras que vienen de fuera (como los conflictos de las herencias, entre otros).

[5] Cf. A. PANGRAZZI, *La pérdida de un ser querido.* Madrid, San Pablo, 42004, p. 45.

A *nivel emocional*, la variedad de sentimientos podría ser descrita como un rico abanico o un arco iris. En efecto, la experiencia va desde la negación a la rabia, de la tristeza a la ansiedad, del desinterés a la irritación, del vacío a la culpa... *Shock*, aturdimiento, incredulidad, rechazo, manifestaciones agresivas, etc., todas son reacciones normales, mientras se mantienen dentro de unos márgenes que no tengan repercusiones irreversibles sobre uno mismo o sobre los demás.

Normalmente, la rabia aumenta a medida que el rechazo disminuye. No es fácil aceptar inmediatamente una pérdida que duele. Por eso nos rebelamos y de alguna manera «disparamos» con expresiones de diferente naturaleza: «No es justo», «precisamente ahora que...», «por qué a él precisamente, con el mal que hay en el mundo», «no le han hecho todo lo que se podía», etc. Si la rabia no daña a los demás –el que la recibe ha de estar atento a no absorberla en su totalidad, como si fuera una flecha bien dirigida y justificada– ni a uno mismo –por posibles manifestaciones violentas–, constituye un momento transitorio que contribuye a canalizar y drenar el dolor interno. Por eso es bueno permitirse y permitir algunas de estas manifestaciones, aunque parezcan que faltan al decoro social.

> Cuando me dieron la noticia de que mi mujer murió, sentí que el mundo se me caía encima; aunque a medida que pasa el tiempo veo las cosas de otra manera. Pero hay ratos y días en los que pienso que es mejor no levantarme de la cama; pero así es la vida

y hay que afrontar las cosas como son. A ratos pienso que la vida no es justa, y me cabreo con ella y conmigo mismo. Veo la cara oscura de la realidad, de la vida, y tengo ratos en que me pregunto: ¿por qué a mí?, ¿por qué ahora?, ¿por qué no puedo vivir con ella? Y preguntas así que me dan la impresión de que me hacen daño.

A veces la rabia busca dónde depositarse para salir de dentro de uno mismo, y se culpabiliza a alguien.

Me parece realmente injusto que mi hija, con solo 13 años, haya muerto. Podría haber seguido conmigo al menos unos añitos más. Al fin y al cabo, llevaba mucho tiempo malita. Es todo un asco; los médicos, a veces, parece que no tienen corazón. Podrían haber alargado un poco más la vida de mi hija.

La psicóloga que acompañaba a esta mujer intervino así:

—Te parece muy injusto que tu hija no siga viviendo contigo, ¿verdad?

—¡Pues claro que sí! Era una niña todavía.

—Eso es algo horrible.

—Sí que lo es. Nació ya mal. El corazón le fallaba mucho a la pobrecita.

—¿Cómo era su calidad de vida? ¿Necesitaba muchos cuidados?

—Sí, bueno, pero a mí no me importaba. ¡Ojalá la hubiera podido cuidar toda la vida!

—¿Ella sufría?

—Al principio no, porque no sentía dolor. Lo que pasa es que estaba muy limitada; no podía correr ni hacer esfuerzos, y se fatigaba mucho. Los médicos me dijeron que se iría complicando cada vez más. El último año estaba realmente muy malita.

–Estaba muy mal al final… Si hubiera seguido viviendo, ¿cómo crees que estaría?

–Bueno, ya necesitaba oxígeno y todo. Si hubiera seguido, estaría fatal, sin levantarse de la cama y sufriendo mucho, porque era una niña muy vital.

–Parece que se fue antes de pasar por un horror peor…

–Sí, lo que le esperaba era peor. Se ha ahorrado mucho dolor. Yo la habría querido tener más tiempo conmigo, pero en realidad era por mí. Me doy cuenta de que ahora ella está más libre.

–Casi no hay alternativa: o tu dolor o el suyo…

–Si yo se lo hubiera podido ahorrar… En realidad, se lo ahorró la muerte, porque yo no podía.

Es muy frecuente también el sentimiento de culpa. No solo por cómo fue vivida la relación y por aquellas áreas oscuras que pudo haber en ella, sino también por cómo se vivió la última etapa, experiencia que puede ser especialmente significativa y quedarse grabada intensamente en el recuerdo del superviviente. En el estudio que hicimos sobre las «pulgas del duelo», la culpa resultó ser la segunda, después de las herencias, y antes de la inmortalidad, la sexualidad y el aspecto económico[6].

El sentimiento de culpa puede permanecer incluso más tiempo, hasta experimentarse culpa incluso por estar superando el duelo.

---

[6] Cf. J. C. Bermejo / M. Magaña / M. Villacieros, *Las cinco pulgas del duelo*. Madrid, PPC, 2016, p. 50.

«Amor mío, recuerdo con nitidez tu cuerpo frío, mudo, doloroso, yacente en la gélida cámara frigorífica del hospital donde te abracé. Cuando te contemplé por última vez, supe que me quedaba para siempre sin tu presencia, y habría deseado conservarte en aquella frialdad para poder llorarte mi amor a diario y escapar del tormento que produce tu ausencia…». Y quien le acompañó añade: «Aparecen sentimientos contradictorios. Mikel comienza a sentirse culpable al no tener constantemente en el pensamiento a su amada y desea: "Que aparezcas entre las sombras de la habitación, en la nebulosa de las alucinaciones y tenerte en mis brazos, besarte y amarte…"»[7].

Estoy empezando a salir a tomar un café con mis amigas, pero me siento culpable. Me siento culpable hasta de mis propios pensamientos. Estoy mal cuando salgo a tomar café; mal cuando pienso que, en un futuro, tendré que rehacer mi vida…; y todo porque pienso que estoy traicionando, ¡y que cómo puedo hacer estas cosas en un momento así, estando aún reciente su muerte! A veces le echo sangre fría, porque necesito defenderme de mí misma para no machacarme con la culpa.

A veces la experiencia de la culpa es vivida cruelmente porque la muerte ha arrebatado la posibilidad de pedir perdón o de perdonar. Y no queda más posibilidad que perdonarse y perdonar, hacer la paz den-

---

[7] E. Clave, *Ante el dolor. Reflexiones para afrontar la enfermedad y la muerte.* Madrid, Temas de Hoy, 2000, p. 289.

tro de sí, con frecuencia verbalizando lo que se experimenta ante alguien. Hay quien se siente aliviado si escribe lo que vive o si «se lo cuenta» a la persona fallecida secretamente, interiormente, o incluso en el cementerio.

Por extraño que parezca, el sentimiento de culpa en el duelo puede tener una función adaptativa, en cuanto que es más llevadera la atribución de una cierta responsabilidad a uno mismo que la experiencia del vacío y del sinsentido. Respetarse a sí mismo el sentimiento, validarlo en la relación de ayuda e interpretarlo, para comprender de lo que es indicador, es un desafío.

Sin duda, el sentimiento más fácilmente comprensible tras la pérdida de un ser querido es la tristeza. Su manifestación en el llanto es la expresión social más aceptada y comprendida. La tristeza está asociada directamente a una experiencia de vacío y de soledad, aunque se produzca en medio de un fuerte apoyo social. Es una soledad muy íntima, muy personal, experimentada muy internamente.

> Me duele pensar que ahora tengo que tomar decisiones solo, que ya no está ella para apoyarme y aconsejarme; me siento perdido, solo. Tengo miedo a esta soledad. Y al final todo se traduce en tristeza. Sí, estoy muy triste porque ella no está. No está por la mañana, no está por la tarde, no está por la noche. No está los fines de semana. No está ni estará nunca. Ese es el dolor más grande. No lo volveré a ver, y eso es muy triste. A ella se le ha acabado la vida, pero yo siento que a mí se me ha ido una parte

de mi vida con ella. Se han ido mis ilusiones compartidas, se ha ido ella misma. Ahora me siento vacío, sin fuerzas. Parece que toda la tristeza del mundo estuviera en mí, y no sé si alguien puede hacerse cargo de lo que esto duele. Es muy duro.

Lo que realmente me causa una profunda tristeza es el fin de semana. Noto una inmensa soledad que, a veces, siento que me ahoga. Lo único que pide mi cuerpo entonces es llorar y no parar. Hasta ahora me ayuda mucho llorar cuando siento esa necesidad.

A *nivel mental*, la experiencia del duelo también tiene manifestaciones concretas, como la dificultad para concentrarse, la búsqueda de la persona perdida, el recuerdo de tantos momentos compartidos, la añoranza. Entre otras dificultades, con frecuencia cuesta concentrarse y organizar los propios pensamientos. Es fácil que un estudiante tenga fracasos escolares después de una pérdida significativa o que el rendimiento en el trabajo sea más bajo del habitual. A veces se experimenta también el miedo a encontrarse con la persona fallecida en los lugares habituales que frecuentaba, o en la soledad, o en la oscuridad, como si pudiera aparecerse. No es difícil soñar también con la persona viva o tener la experiencia de «escuchar al difunto como si estuviera vivo y presente»[8] −alucinaciones normales al inicio− como manifestación de la dificultad para aceptar la muerte. Hay quien sufre

[8] J. MONTOYA CARRASQUILLA, *Pérdida, aflicción y luto*. Medellín (Colombia), Litoservicios, 2008, p. 88.

también el miedo a entrar en los lugares donde estuvo enfermo, encamado o su cadáver, como si estuviesen habitados por él o como si todavía se fuera a visualizar lo que en realidad no está por ningún lado más que en el cementerio y en el corazón del superviviente.

> Me da vergüenza decirlo, pero tengo miedo a entrar en la habitación donde él dormía. Parece que me lo voy a encontrar allí, tumbado en la cama, como cuando estaba vivo. Sé que no es posible; pero, aunque sea irracional, siento ese miedo. A veces también pienso que todavía lo voy a ver en la caja, en la sala donde estuvo cuando murió. Es absurdo, pero me cuesta quitarme la imagen de la cabeza. Me dicen que esto le pasa a mucha gente, pero yo ya deseo que deje de ocurrirme. Quiero recordarlo como era cuando estaba bien y vivo. Por eso me han aconsejado que mire fotos para situarlo mentalmente en los sitios normales donde estaba en vida.

Es normal que se produzca una idealización de la persona fallecida. Si no se cronifica —llevaría al duelo patológico—, constituye una expresión de amor y de perdón. Son las clásicas y comprensibles expresiones: «Era muy bueno, muy inteligente», «tenía muy buen corazón para todos», etc. Permitirse y permitir exaltar las cualidades positivas de la persona perdida ayuda a hacer también un proceso de pacificación interior y a subrayar la parte positiva que, en el recuerdo, podrá ser más saludable que la evocación de los límites. Una visión realista, en todo caso, es lo más adecuado, puesto que los límites de la persona no impiden el amor que se le profesó y el lugar en el corazón.

También el duelo afecta a *nivel espiritual*, como no podría ser de otra manera. En el fondo, las preguntas sobre el porqué, sobre el sentido de la vida, sobre el sentido del amor –ahora dolido–, sobre el más allá, sobre un posible reencuentro, etc., son todos elementos relacionados con la dimensión trascendente y espiritual. Reaccionamos con preguntas y experimentamos vacío. Hacemos búsquedas e intentos de darnos respuestas, como acariciando alguna luz en medio de la oscuridad, algún más allá en el más acá.

> Me siento bien cuando voy al cementerio. Me doy cuenta de la triste realidad: que es verdad lo que ha ocurrido. Pero siento como si lo tuviera más cerca. A menudo intento darme ánimos y pienso que a David le gustaría que yo no estuviera triste y llorando todo el día. Es como un reto que tengo con él. No puedo pensar que no exista algo después de la muerte. No puedo. Me ayuda mucho pensar que ahora tengo un ángel que me cuida y me protege, que, desde donde él esté, me va a ayudar, me ayuda.

Con frecuencia, muchas personas confiesan que la muerte de un ser querido les ha hecho tomar conciencia de lo que es realmente importante en la vida. Es como si la muerte se convirtiera en maestra, una dura maestra que enseña y recuerda los valores más genuinamente humanos.

La verdad es que, a veces, pienso que es una pena que tengan que pasarnos estas cosas; que tenga que morir alguien muy cercano para darnos cuenta de las cosas importantes de la vida. Ahora veo las cosas de otra manera y, por supuesto, valoro más lo que realmente importa. Por eso no quiero hundirme y soy consciente de que tengo que vivir y aprovechar lo que tengo y lo que soy, porque todo pasará un día.

Nunca he podido superar todo el dolor que me causó la muerte de mi padre, porque, si lo hubiera podido evitar, si algún donante de sangre se hubiera presentado a tiempo… Durante mucho tiempo he odiado a la sociedad. A todos. Sentía que todos eran culpables de su muerte. Pero un día oí pedir auxilio por radio. Eran urgentes las demandas de sangre para un enfermo. No sé quién me empujó a ir. Posiblemente, mi propio padre, que siempre nos enseñó a dar [...] Mi padre no se había equivocado en cuanto nos enseñó sobre el sufrimiento, y esa verdad me hizo descubrir que, a pesar de su muerte, él continúa vivo en cada donación de sangre, en cada anónimo gesto de solidaridad.

En los últimos años, con el avance de la digitalización, nuevas y frecuentes reacciones en el duelo son el uso de prácticas que tienen que ver con la imagen. Algunas personas graban los procesos finales de la vida de sus seres queridos, otros transmiten los ritos fúnebres, otros socializan en las redes sociales su sentir —normalmente, en clave de homenaje— hacia el fallecido. Las posibilidades aumentan vertiginosamente, hasta poder reconstruir de alguna manera la imagen del ser querido fallecido, a partir de su rastro digital, e interactuar con él. Sobre la bondad de estas prácticas, parece oportuno preguntarse, en cada caso, lo que realmente ayuda al doliente a realizar sanamente su proceso, lo que no refuerce dinámicas de negación, excesiva idealización o exposición de lo que luego sea difícil controlar[9].

Elaborar el duelo supone no solo integrar la pérdida, asumir la desaparición del ser querido, aceptar que murió, sino también integrar la propia mortalidad, cuya conciencia se hace más patente con ocasión de la muerte de la persona querida. También hay muerte, pues, en los supervivientes. Como dice san Agustín: «De aquí nace aquel llanto y lamento cuando muere algún amigo; de aquí aquellos lutos que aumentan nuestro dolor; de aquí el tener afligido el corazón convirtiéndose en amargura la dulzura que antes gozaba; y de aquí la muerte de los que viven, por la vida que han perdido los que mueren»[10].

Elaborar el dolor consiste en aprender a pensar sin culpa patológica sobre la pérdida, ser capaz de expresar los sentimientos que esta provoca, compartirlos en un clima de respeto y sin obsesiones, analizar e ir aceptando las consecuencias que dicha pérdida supone y poner en práctica conductas que tiendan a afrontar la vida en toda su riqueza. No es fácil ni se hace en un instante. Es todo un camino de trabajo, sobre

---

[9] Cf. J. C. BERMEJO, *Duelo digital y coronavirus*. Bilbao, Desclée de Brouwer, 2020.

[10] SAN AGUSTÍN, *Confesiones* IV,9.

todo en el mundo de los apegos afectivos, como han mostrado los estudiosos del duelo[11].

Este trabajo no solo lo tienen que hacer las personas cercanas. Téngase en cuenta que, durante un cierto tiempo después del fallecimiento, el muerto no está muerto socialmente[12] del todo en nuestra compleja e informatizada sociedad; se seguirá todavía recibiendo correspondencia a su nombre y llamarán por teléfono preguntando por él, y su teléfono móvil sonará, y su mundo digital se mantendrá, de una manera pendiente de resolver, a buen seguro…

3. Diferentes tipos de duelo

Las clasificaciones de duelo son muchas. Actualmente, la literatura es más generosa que hace unas décadas. Se investiga, se explora, se acompaña con más profesionalidad. Las clasificaciones médicas son abundantes, sobre todo si el enfoque es psiquiátrico. Más sencilla es cierta literatura médica sobre el duelo que puede llevar solo a hablar de duelo normal, complicado y patológico. Hacemos aquí una presentación no académica de los tipos de duelo, sino facilitadora de algunos dinamismos vividos con frecuencia con ocasión de la pérdida de un ser querido.

----

[11] Cf. J. Bowlby, «Attaccamento e perdita», en id., *Opere* I. Turín, Boringhieri, 1976.

[12] Cf. C. Cobo, *El valor de vivir.* Madrid, Ediciones Libertarias, 1999, p. 350.

Hay diferentes tipos de duelo. Vivimos un duelo anticipatorio antes de que la pérdida se produzca, que, en la mayoría de los casos, contribuye a prepararse a ella. Lo vivimos si la muerte no se produce de manera inesperada. Vivimos un impacto normal en el momento de la pérdida, que dura un tiempo diferenciado según cada persona y el valor de lo perdido (duelo normal). Otras personas tardan en reaccionar en su vivencia y manifestación del dolor, y hablamos entonces de duelo retardado. No falta quien no consigue colocar dentro de sí la propia historia y puede caer en un duelo crónico o, incluso, patológico.

Presentamos aquí algunas notas de estos diferentes tipos de duelo, sin ser exhaustivos, pero ilustrando algunas, también para ayudar a comprender las reacciones, normalizarlas y, en su caso, pedir ayuda para hacer el proceso de duelo.

– *Duelo anticipatorio*. Es la elaboración del dolor por la pérdida próxima, cuando esta no se produce de manera violenta o inesperada. En efecto, acompañando a los seres queridos en su proceso de morir, ya antes de que el fallecimiento se produzca, experimentamos dolor.

Puede que pensemos incluso en cosas concretas, como detalles del entierro, del cementerio, etc. Y es fácil experimentar culpa al ver que estos pensamientos nos habitan. Como si, sin quererlo, nos dijéramos: «Si pienso en estas cosas antes de que haya muerto, es como si lo estuviera matando o como si no lo quisiera vivo». Pero hay que entender que el duelo anticipatorio es normal y que ayuda a prepararse para la pérdida, ayuda a tomar conciencia de lo que está pasando y a empezar a organizar el significado más próximo de la pérdida. Quizá se piense también en cómo vivir a partir del fallecimiento, con quién, cómo organizarse la vida, la cotidianidad, las compras, la casa, la compañía, la posibilidad de ir a casa de un hijo… Es lo que se llama el «trabajo de la preocupación». Todo esto es normal y a veces hace sufrir por pensar que no debería suceder. En cambio, que estos pensamientos nos habiten nos preparan para la pérdida próxima. Algunas personas participan en grupos de autoayuda para prepararse al fallecimiento de un ser querido; por ejemplo, familiares de enfermos terminales de algunas Unidades de Cuidados Paliativos. Es una experiencia positiva de ayuda recíproca que favorece un compartir saludable y una ayuda adecuada.

Pero también el enfermo —cuando el fallecimiento se produce tras un proceso de enfermedad donde hay consciencia— piensa en la pérdida próxima y elabora su duelo por lo que está perdiendo; duelo por su cuerpo, por la pérdida o disminución de sus funciones biológicas, de sus posibilidades físicas y cognitivas; duelo por la separación que prevé de sus seres queridos y por dejarles. Puede llegar a experimentar también la sensación de estar abandonando en un momento inadecuado o inoportuno a los seres queridos. Nada mejor que un diálogo abierto y ofrecer la posibilidad de que cada uno exprese lo que siente.

Cuando vi a mi marido tan mal, pensé que tenía que preguntar a alguien sobre cómo había que hacer para la cremación y si eso tenía alguna connotación moral. Me parecía que no, pero necesitaba hablarlo con alguien. Y me daba vergüenza, porque me parecía que, si le decía a alguien que estaba pensando en la cremación de mi marido, pensaría que yo no lo quería, o que estaba loca, o que estaba deseando que se muriera. Y nada de eso. Me decidí a preguntárselo a un joven de los servicios religiosos de la Unidad de Cuidados Paliativos, y la verdad es que me fue muy bien, porque me entendió perfectamente. Creo que estaba acostumbrado a que le preguntaran esas cosas. Me sentí bien, porque no me juzgó y porque me respondió diciéndome que era normal que pensara eso, y resolvió mis dudas. Aquello me tranquilizó, dentro del dolor, porque se me moría lo que más quería.

La experiencia nos dice, tras años de acompañar a miles de personas en su fase final, así como a sus familias, y a otros miles de personas en duelo, que un buen acompañamiento en el duelo anticipado previene de la complicación del duelo *post mortem*. Es comprensible. Quien se queda con la satisfacción de haber hecho un cierre adecuado, con alivio, paliación, soporte médico, social, espiritual y psicológico, tiene en ello un factor protector de la complicación del proceso de duelo. De ahí la importancia de los cuidados paliativos al final, y de una cultura paliativa suficiente que alivie y permita ahorrar mucho del sufrimiento evitable que se da cita en torno al morir.

– *Duelo retardado.* Hay personas a las que les cuesta reaccionar a la pérdida y no manifiestan el dolor de la manera que la mayoría de la gente entiende que es normal. A veces es porque no lo sienten en ese momento, como si estuvieran «anestesiados»; y en otras ocasiones son las personas que han estado ocupadas en todas las tareas y gestiones propias del fallecimiento (avisos a los familiares, entierro, etc.). Puede que, incluso, sea una huida hacia las cosas para negar temporalmente lo que se impondrá más evidentemente en el corazón más adelante.

Cuando toda la actividad desaparece o termina, cuando la persona se encuentra con la soledad, hay más tiempo para tomar conciencia del vacío y de la pérdida, especialmente si también desaparecen los apoyos que duran poco, como las compañías que solo se hacen presentes durante el día o días que dura el entierro. Entonces, la soledad puede producir una reacción retardada que algunos puede que no entiendan, porque «es extraño que llore ahora y no llorara entonces».

Nada como el respeto sagrado a las reacciones que se presentan bajo apariencia de «retraso». Suelen ser fruto de la toma de conciencia más realista de que la muerte es muerte y la separación es para siempre. Y eso duele.

> Aquel hombre no se permitió ni una lágrima cuando se estaba muriendo su mujer y durante el día que estuvo en el tanatorio. Sin embargo, al mes siguiente volvió a nuestro «centro de escucha» donde atendemos a personas que han perdido a un ser querido, y parecía un baño de lágrimas. Hablaba sin parar de que lo que había significado para él su

esposa y de lo solo que lo había dejado. Se sentía raro porque se encontraba a sí mismo llorando con facilidad y se avergonzaba de que le vieran, puesto que no le habían visto llorar en el funeral. Le preocupaba lo que pudieran decir de él. Hablando con él como voluntario del Centro de Escucha San Camilo, pude ayudarle a reconocer que tenía derecho a llorar y a comprender también por qué no le habían salido las lágrimas anteriormente, según su propia lectura.

– *Duelo crónico.* Más complicado es el duelo crónico, ese que queda muy plasmado en la clásica figura de la mujer vestida de negro por años sin término, como si el fallecimiento de su marido o de su hijo se hubiera producido la semana anterior. No es que se dé más entre las mujeres, sino que esa imagen quizá lo refleja de manera muy plástica. Se trata de la incapacidad de reintegrarse con normalidad en el tejido social, debido a que el doliente está absorbido por constantes recuerdos, fantaseando constantemente sobre el pasado, invirtiendo en él toda la energía, sin ocuparse del presente y sin construir ninguna relación nueva.

A veces se da en personas cuyo vínculo con el fallecido era un apego muy dependiente o en personas que no tuvieron una relación que fue muy deseada. Con frecuencia es vivido con un sentimiento de gran inseguridad al faltar la persona que murió.

Parece que invertir energía en salir o restablecer una cierta normalidad en la cotidianidad supusiera una falta de respeto al difunto, un tomarse poco en serio a la persona perdida. En el fondo, parece que estando en duelo y mostrándolo se paga un precio debido, el precio del amor que no puede morir. Es, sin duda, una insana lectura de las relaciones interpersonales. Restablecer el equilibrio afectivo invirtiendo energía en personas nuevas, en nuevos proyectos, es razonable para la sabiduría del corazón, no solo para la cabeza.

> Recuerdo aquella mujer que vendía chucherías en la tienda de la esquina cuando yo era pequeño. Siempre estaba vestida de negro. Decían que no había encajado la muerte de su hijo. Se había ahogado en el río hacía veinte años, pero parecía que hubiera sido ayer. Todos los sábados iba al cementerio como el primero, no veía la televisión porque le parecía que eso era como irreverente, como si faltase el respeto a su hijo, que se lo merecía todo y al cual nunca olvidaría. Es cierto que no tenía que olvidarlo, pero esta mujer lo recordaba con la misma intensidad. Nos daba mucha pena cuando íbamos a su tienda.

En jerga propia del tema, también se habla de duelo congelado. Se trata de una forma de paralización de cuanto contiene el dolerse, el sufrir. La persona, en esta situación, fácilmente vive un vacío difícil de gestionar. Es importante también constatar cómo el duelo congelado se puede enmascarar en múltiples enfermedades que reclamen la necesidad de atención médica. Una verdadera escucha de la realidad permitirá entrar en el problema real, aceptando que la enfermedad, en ocasiones, puede ser el síntoma de un duelo que no se está abordando de manera saludable.

– *Duelo patológico*. Algunos autores prefieren hablar de «duelo complicado», e incluyen en este el duelo crónico, el retrasado, el exagerado, el enmascarado, como formas distintas de vivencia del dolor de manera compleja[13]. Actualmente, sociedades científicas como la Sociedad Española de Cuidados Paliativos (SECPAL) no solo cuentan con una «guía de duelo»[14], sino que invitan a usar herramientas de medición y discriminación entre duelo normal y complicado, habiéndose investigado cada vez más sobre sus factores predictores, preventivos y reforzantes[15].

Quien experimenta el duelo patológico en alguna de sus formas puede vivir alguna patología psiquiá-

---

[13] Cf. J. W. Worden, *El tratamiento del duelo: asesoramiento psicológico y terapia*. Barcelona, Paidós, 52022.

[14] SECPAL, *Guía de duelo*, 2014, en http://www.secpal.com/guiasm/index.php?acc=see_guia&id_guia=1 (consulta: septiembre de 2014).

[15] Es particularmente utilizada en la investigación la escala de Prigerson: H. G. Prigerson / M. K. Shear / S. C. Jacobs / C. F. Reynolds III / P. K. Maciejewski / J. R. T. Davidson / R. A. Rosenheck / P. A. Pilkonis / C. B. Wortman / J. B. Williams T. A. Widiger / E. Frank / D. J. Kupfer / S. Zisook, «Consensus criteria for traumatic grief. A preliminary empirical test», en *British Journal of Psychiatry* 174 (1999), pp. 67-73. Cf. también H. G. Prigerson / S. Jacobs, «Traumatic grief as a distinct disorder: a rationale, consensus criteria, and a preliminary empirical test», en M. S. Stroebe / R. O. Hansson / W. Stroebe / H. Schut (eds.), *Handbook of bereavement research: Consequences, coping, and care*. Washington, DC, American Psychological Association, 2001, pp. 613-645.

trica tras la pérdida, como la depresión mayor. Sentirse deprimido y sin esperanza después de la pérdida de un ser querido significativo es una reacción normal y saludable, siempre que sea un fenómeno transitorio y adaptativo; pero, cuando se transforma en algo irracional y acompañado con otros elementos de la depresión clínica, es necesario intervenir profesionalmente.

Así también la ansiedad es un síntoma normal tras la pérdida, pero, si se experimenta en forma de ataques de pánico o de conductas fóbicas, podría incluirse dentro del duelo patológico.

Algunas personas enmascaran el duelo inconscientemente tras un síntoma físico o alguna conducta desadaptativa. Una persona puede experimentar, por ejemplo, los mismos síntomas que la persona fallecida (identificación) o adoptar las mismas conductas que él y querer suplantarle en todo, ocupando su rol, utilizando su ropa, queriendo imitarle, etc.

En algunas ocasiones, el duelo patológico lleva a extremos como el consumo de sustancias tóxicas o de alcohol. De hecho, los que tratan el alcoholismo han de estar atentos a que no haya un duelo no resuelto en la persona dependiente. A algunas personas les puede llevar a mantener relaciones de prostitución.

El duelo patológico a veces lo diagnostica el mismo paciente, porque pide ayuda al sentirse él mismo con sentimientos o conductas desadaptativas y que le hacen sufrir de manera intensa. Cuando no es así, hay que estar atento a algunos posibles indicadores, como, por ejemplo, no poder hablar del fallecido, intensas reacciones emocionales, incapacidad para desprenderse de cosas materiales, síntomas físicos semejantes a los que experimentaba el fallecido, alejamiento de todos los conocidos del difunto, compulsión a imitar al fallecido, impulsos destructivos, exceso de tristeza, consumo de sustancias, etc.

Mi experiencia me dice también que detrás de personas en situación de exclusión y marginación se encuentran, con frecuencia, experiencias de duelo no vivido sanamente. En la historia de transeúntes, personas sin techo, drogodependientes y otros muchos colectivos particularmente vulnerables, fácilmente hay pérdidas no elaboradas[16]. No es indiferente el mundo de vínculos que pueden existir entre duelo y prostitución, siendo este un tema para investigar de cara a su profundización.

> Juan tiene 25 años, y a los pocos días de fallecer su hermano, de 30, con el que convivía, además de sus padres, se trasladó a su habitación. Ahora duerme en ella, se viste con su ropa, se pone su calzado, incluso siendo de un número menor, con la consiguiente incomodidad, que él minimiza. No habla de su hermano ni dice estar mal. Sin embargo, todos los que le rodean se dan cuenta de que «eso no es normal». Se preguntan si algo le podrá ayudar; pero tampoco caen en la cuenta del riesgo de que la identificación que está experimentando pueda ir a más y quiera no solo presentarse como se presenta-

---

[16] Este tipo de vínculos ha sido estudiado también por J. L. Tizón, *Pérdida, pena, duelo. Vivencias, investigación y asistencia*. Barcelona, Paidós, 2004.

ba su hermano, negando así su muerte, sino estar a la altura suya, diluyendo así su personalidad en la del fallecido. Sin duda, necesita ayuda psicológica.

Recuerdo a una joven en un centro de atención integral que estaba intentando dejar la droga. Hablando con ella, me refería que el inicio de la droga había sido la experiencia de la muerte de su bebé. Murió de muerte súbita. No encontró apoyo social, dada la fragilidad de su entorno y de su familia. Conoció en un bar a un joven que le prestó atención, pero que consumía droga. No tardó nada en consumirla también ella. La droga se convirtió en su «consuelo», en el modo de negar la crudeza de su experiencia. Reconocía al hablar que no había hecho el duelo por su hijo, al que, por otro lado, había esperado con esfuerzo de adaptación, porque había nacido fuera de una unidad familiar estable.

– *Duelo ambiguo.* Hay quien vive también un duelo ambiguo −o ambivalente, como prefieren otros[17]−, como pueden ser las personas cuyo ser querido ha desaparecido y todo apunta a que ha muerto; pero no hay certeza −¡de ahí la importancia de la «relación con el cadáver»!, es decir, de verlo o contar con «su presencia»−; o las personas que sufren por la «pérdida del hijo que nunca se llegó a tener», por ejemplo, por aborto −voluntario o no−; o las personas que acompañan a familiares que han perdido algunas de las capacidades más específicamente humanas −por

---

[17] Cf. I. Cabodevilla, «Las reacciones de duelo», en M. Die Trill (ed.), *Psicooncología*. Madrid, Ades, 2003, p. 655.

Alzheimer, por un accidente, etc.[18]– y que provocan la pregunta: «¿Tengo padre o ya no queda de él más que su cuerpo?», por ejemplo.

En situaciones de este tipo, algunas personas no saben si comportarse como casadas o viudas, si esperar o desistir, si desear la vida o el fallecimiento definitivo, si volver a intentar tener un hijo o elaborar secretamente un duelo socialmente poco reconocido. Hay quienes piensan que es mejor hacer cierres simbólicos que no hacer nada en este tipo de situaciones, a excepción de los casos de Alzheimer o pérdida de la conciencia por otra causa que, dentro de su ambigüedad, tiene también algo de «duelo anticipado».

> Fue aquella semana de noviembre cuando mis oídos registraban por primera vez la palabra «Alzheimer» y el mundo se me vino encima. No quise decírtelo para no preocuparte, pero me hundí. El médico no me dio ninguna solución, ningún tratamiento, solo me dijo una palabra: «Paciencia, hijo». Era como si los médicos me dieran el pésame.

Hay duelos imposibles, muy complejos. Pensemos en quien pierde a un ser querido después de procesos de maltrato, o quien no sabe si su ser querido está vivo o muerto, porque fue secuestrado, o porque no hay restos y pruebas que permitan «levantar acta» de la muerte, visualizarla y proceder con el trabajo de elaboración de la pérdida.

---

[18] Cf. P. Boss, *La pérdida ambigua. Cómo aprender a vivir con un duelo no terminado*. Barcelona, Gedisa, 22014.

No faltan los duelos que se complican también porque los vínculos eran ambiguos o porque se habían roto. Pensemos en quien pierde una pareja de la que se había separado y construido otra nueva, pero en el corazón siguen existiendo vínculos o se tienen hijos en común…

Pensamos también en quien pierde a seres queridos cuyo vínculo nunca fue socializado, como algunas parejas homosexuales[19] o algunos amantes, personas a las que se amaba, pero cuya relación no fue hecha pública, generándose dificultades de socialización del dolor.

No se nos escapa la conciencia del dolor experimentado por la muerte múltiple o el duelo acumulado por progresivas pérdidas producidas en poco tiempo. En el fondo, la fisonomía del duelo es muy variada.

No nos consta que se haya estudiado el duelo «poseutanasia» y en qué medida esta forma de morir pueda dejar impactos concretos y complejos sobre las personas en duelo.

Es importante conocer estas dinámicas que se pueden producir en la elaboración del dolor de la pérdida para favorecer al máximo en nosotros mismos y en los demás una elaboración sana y progresiva del dolor, para que nuestras reacciones sean adaptativas y oportunas para seguir viviendo la nueva etapa que se nos abre en la vida tras la pérdida. En situaciones de complicación, la clave está en tener el coraje sufi-

---

[19] Cf. J. L. Tizón / M. G. Sorza, *Días de duelo. Encontrando salidas.* Barcelona, Alba, 2008, p. 283.

ciente para pedir ayuda a profesionales entrenados y expertos, entre los cuales se encuentran los Centros San Camilo, especializados en duelo y repartidos por diferentes lugares.

Si no me hablas…

Si no me hablas,
llenaré mi corazón con tu silencio
y así podré soportarlo.

Me mantendré tranquilo
y esperaré como la noche,
con su vigilia de estrellas
y su cabeza inclinada
en señal de paciencia.

Es seguro que vendrá la mañana,
que se desvanecerá la oscuridad
y que tu voz se derramará por los cielos
en torrentes de oro.

R. TAGORE

2

ME DICEN COSAS,
UNAS ME AYUDAN, OTRAS NO

El deseo de ayudar a quien vive el dolor por la pérdida de un ser querido se expresa de diferentes maneras. Hay quien hace lo posible por compartir un poco de tiempo; hay quien escribe unas líneas o hace una llamada telefónica; hay quien simboliza en unas flores el afecto hacia el ser fallecido y hacia los supervivientes más próximos. En el fondo, es el deseo de consolar y la necesidad de recibir algún tipo de consuelo. La radical soledad y el vacío absoluto son experimentados, con frecuencia, como insoportables.

La historia nos muestra el empeño de la humanidad por consolar, también con la palabra. El empeño por consolar en el duelo ha ido tomando formas distintas con el paso del tiempo. En su tiempo, las *consolationes* podían adoptar diversas formas literarias: epístola, en cuanto dirigida a una persona particular; por su contenido temático; su estrecha relación con la retórica, bajo la forma de *laudatio funebris* o de *oratio consolatoria*[1].

El verdadero consuelo es un alivio que resulta de la compañía respetuosa y el apoyo efectivo. La imagen del camino es sugerente: el camino y las adversida-

---

[1] Cf. F. LILLO, *La «consolatio» filosófica no cristiana: análisis de un género*. Salamanca, UPSA, 1996.

des no desaparecen, pero la compañía suaviza, sostiene, alivia, motiva. «Solo el que comparte el sufrimiento puede comprender la mente del que sufre»[2].

Pero no todo consuelo es aceptado ni deseado. A veces, incluso uno preferiría que le dejaran en paz, que no le dijeran nada, que no se compadecieran de él, porque parece que así es tomada en consideración escasamente la profundidad del dolor y se busca enseguida un alivio; algo que, a primera vista, consistiera en relativizar o en desviar la atención de lo que, de manera más intensa, se está experimentando: el dolor por la pérdida.

1. Frases que no me consuelan

Una de las experiencias más desagradables cuando una persona está dolida, particularmente por la pérdida de un ser querido, es tener que oír frases bienintencionadas, pero que se experimentan como huecas, que no conectan emocionalmente o que ofenden incluso. No es sencillo consolar, porque el movimiento instintivo ante el sufrimiento es la huida, excepto para los morbosos y narcisistas, que buscan el protagonismo aprovechándose de la vulnerabilidad ajena[3].

Algunas de ellas reflejan visiones fatalistas del mundo, de la vida; otras caen como sentencias que

---

[2] N. González, «*Ordo consolationis:* la empatía y el arte del consuelo en el *Comentario al libro de Job,* de Gregorio Magno», en *Teología y Vida* 55/3 (2014), pp. 449-458 (451).
[3] Cf. J. C. Bermejo, *Escucha y consuelo. La palabra que sana.* Bilbao, Desclée de Brouwer, 2023, p. 27.

liberan al que las pronuncia de la angustia de no saber qué decir y cómo comportarse; otras son reflejo de que no se ha pensado antes de abrir la boca, sencillamente. La situación embarazosa ante el doliente es una experiencia universal que reclama mucha capacidad de integración de la impotencia, mucha humildad y paciencia.

— *¿Es mejor así?* Queriendo consolar, hay personas que buscan el modo de hacer ver que podía haber sido peor. Se agarran a cualquier cosa: la causa o el modo de morir podía haber sido más cruel, haber comportado más sufrimiento, haber sido más largo, haber hecho más larga la espera o la dependencia, etc. Así, no es difícil escuchar frases que intentan subrayar lo cruel que podría haber sido si las circunstancias o el tiempo hubieran sido peores o más largo. No parece que sea este un modo saludable de consolar.

Recuerdo lo que escuché decir a varias personas a la madre de Pedro, un joven con discapacidad profunda al que toda la población de 30.000 habitantes conocía y que, cuando falleció, fue acompañado en el funeral por más personas que ningún otro fallecido. Algunas personas, no se sabe con qué intención —seguro que por aliviar a la madre— le decían: «Es mejor así; ahora podrás vivir sin tener que dedicarte a él todo el día». Sin duda, aquella madre no toleraba esas frases y, con respeto, las rechazaba. No sé cómo no se enfadaba con quienes se las decían; parece que perdonaba a quienes pretendían consolarla de esa estúpida manera. Su hijo, con su gran discapacidad, era lo que más quería en el mundo.

– *¿Es el destino?* Hay quien utiliza expresiones relativas al *destino* o bien a la generalización: «Es el destino», «tenía que suceder», «antes o después nos toca a todos». Son frases que revelan una concepción determinista y extraña de la naturaleza o de una fuerza superior que todo lo controla y lo tiene determinado y previsto.

No creo, ciertamente, en el determinismo, que nos haría prisioneros sin remedio del hado, que nos haría decir simplemente: «Lo que será, será», «lo que ha sido tenía que suceder». Me parece más bien un perezoso argumento que no da paso tampoco a aquel otro según el cual sucede lo que nos hemos preparado en el pasado; y no hay más destino ni otro futuro que el que nos preparamos en el presente.

No me cabe otra lectura positiva del destino que aquella que la entiende como una figura literaria o metáfora para aludir al aspecto inescrutable e inabordable, en toda su profundidad, del acontecer humano. No creo, pues, que haya que aceptar el uso popular de la palabra «destino» para dar razón de acontecimientos temidos e indeseados y que no resulta ser más que un determinismo que no deja espacio a la libertad.

En ocasiones, el destino se asocia a conceptos religiosos y se habla también del «destino que Dios nos tiene preparado». Parece que el reconocimiento de la existencia de Dios, como fundamento último de todo lo que existe y sucede, verdad a la que me adhiero, cae con frecuencia en la visión griega que anularía la libertad; y se traduciría en una intervención directa de Dios sobre todas las cosas. Si aceptáramos esto, lo que nos sucede sería debido a que Dios, directamente, habría preparado con detalle el sucederse de los hechos y los tuviera previstos para ese momento y de esa manera.

¿Basta entonces con sumar las causas naturales para dar una explicación de lo sucedido? No. No basta. A veces concurre también la responsabilidad humana, que podría evitar muchas de las desgracias que nos suceden o el modo en que suceden. Pero no nos conformamos los seres humanos con lecturas sencillas y solo inmanentes, y necesitamos apelar a otro tipo de verdades que nos pertenecen, como es propio de seres que estamos abiertos a la trascendencia. El reconocimiento de la presencia de Dios, del que todo mantiene una dependencia esencial y que todo lo conserva en su ser, no nos puede llevar a anular las causalidades de las cosas naturales.

Raramente esta visión sirve de consuelo ni parece demasiado saludable. Si hay un destino, al menos desde el punto de vista de la fe, no es otro que el de estar llamados a ser queridos por Dios y vivir en él por el amor. Y si algún deseo tiene Dios del hombre, nos lo revela la Sagrada Escritura allí donde dice: «Yo he venido para que tengan vida, y vida en abundancia» (Jn 10,10).

Cuando murió mi mujer, algunos me decían que era el destino, que todos tenemos un sino y que hay que aceptarlo; que a cada uno le llega su hora. A mí aquello me sonaba a música celestial y sentía rabia, porque me parecía injusto que el destino de mi mujer tuviera que ser aquel precisamente: el de morir cuando aún parecía que le quedaba media vida, cuando tenía tantas ganas de vivir, cuando tenía tanto por hacer. ¿Podía un Dios bueno haber señalado en algún sitio semejante destino para mi mujer? No. Sin duda, no. Si Dios quería solo una pizquita a mi mujer, por misteriosa que fuera la vida, no se la habría programado de este modo. Yo creo que Dios, en su omnipotencia, se hace «omnidébil» para respetar las leyes de la naturaleza que él creó y que nosotros cuidamos y respetamos, unas veces más y otras menos. No creo que decir a alguien que «ha sido el destino» sea muy acertado.

– *¿Es la voluntad de Dios?* En la misma línea, a veces escuchamos consuelos formulados con esta frase: «Es la voluntad de Dios». Parecería, si así fuera, que Dios se convierte en cacique que se divierte manipulando a placer la sucesión de las cosas y controlando el acontecer humano y natural. ¿Será que Dios tiene una voluntad más interesada por los países del norte que por los del sur, por ejemplo? ¿Cómo se explica semejante cantidad de sufrimiento en tantos lugares del mundo? ¿Es esa la voluntad de Dios?

En el fondo, es posible que quien utiliza este tipo de expresiones, aun sin pensar demasiado en su contenido, sino que probablemente son prestadas de la cultura o del modo habitual, aprendido a base de formular algunas frases en situaciones de duelo, no las crea siquiera. Es posible también que lo que pretenda es provocar una actitud de aceptación o, en el peor de los casos, de resignación pasiva, como si esta fuera una saludable actitud.

Integrar el sufrimiento, elaborar el dolor, que es el objetivo del duelo, no es lo mismo que aceptar pasivamente lo que sucede o resignarse. Entendida como pasividad, la resignación ante la muerte de un ser querido no es cristiana. Indicaría abandono de sí o fatalismo. Integrar el sufrimiento, en cambio, hace referencia al sujeto activo ante el propio mal; ser dueño, capaz de aceptar lo inevitable viviendo, aun en medio de ello, con libertad y responsabilidad, reconociendo el bien que hubo, el bien que queda, aprendiendo del dolor, compartiéndolo sin dejar que se convierta en fuente de mayor mal. Hoy no falta quien habla de la necesidad de reinventarse, nacer de nuevo[4], crecer de manera resiliente, en la medida de lo posible. «Nacer de nuevo» resulta ciertamente evocador, en términos espirituales, como también encontramos, en otros sentidos, en la Sagrada Escritura (Jn 3,3).

> No tengo vergüenza en proclamar donde sea que yo soy creyente, pero no creo que por eso tenga que resignarme. Resignarme me parece tirar la toalla, limitarme a «padecer», a vivir sin pensar, sin dejarme interpelar, sin expresar la rabia que siento, también como creyente. Comprendo que algunas personas encuentren alivio al decir que hay que resignarse; lo comprendo porque está muy metido en

[4] Cf. R. MONTERO, *La ridícula idea de no volver a verte*. Barcelona, Seix Barral, 2022.

el modo de expresarse, porque lo hemos escuchado muchas veces a nuestros abuelos, padres…, pero mi mayoría de edad me dice que tengo que hacer algo más que resignarme. Mi padre ha muerto, sí, pero no sé por qué no tengo derecho a sentir rabia, a pensar, a interrogarme. Conformarme, sencillamente, me parece cosificarme, despersonalizarme. Tengo que reaccionar, ¿no? Soy yo el que ha perdido a su padre, no «el mundo» en general.

— *¿Se lo ha llevado Dios o nos pone a prueba?* En el afanoso intento de acompañar, de intentar aliviar la pena y la aflicción de alguien, a veces escuchamos también expresiones relativas a Dios, que se lo ha llevado o que nos pone a prueba con el sufrimiento. Extraños intentos, también estos, de ayudarnos unos a otros. Son frases hechas que deshacen, que nos dejan a veces indiferentes; otras, igual; otras, enfadados con quien nos las dice o con ese Dios que nos hace semejante daño.

Pensar de este modo sobre Dios sería equipararle a un ladrón que nos quita lo que más queremos o a un sádico que desea ver hasta dónde somos capaces de resistir si nos prueba con dificultades, hasta dónde somos capaces de mantenernos sin renegar de él (en cuyo caso mereceríamos algún tipo de castigo). ¡Qué extrañas imágenes estas! Incluso, a veces, las expresiones afinan más y se llega a decir: «Dios nos manda solo lo que podemos soportar», como si usara un «dolorímetro» y calculara fríamente hasta dónde podemos aguantar el sufrimiento. En realidad, son imágenes antropomórficas de Dios sobre las que proyectamos modos de ser nuestros o razones que poco tienen que ver con la razón de la fe. El respeto de Dios hacia la creación y la libertad, propia del mensaje revelado, nos impide pensar así.

Imaginemos, por otro lado, si este fuera el modo de intentar explicar o consolar a los niños. El razonamiento sería aplastante contra este modo de razonar: «Si Dios se lo ha llevado, es que no me quiere; si me pone a prueba, no le quiero yo, porque me quita a quien yo amo». Ya santa Teresa protestaba contra este planteamiento diciendo que, si Dios pone a prueba a quienes más ama, «no me extraña que tenga tan pocos amigos».

> Recuerdo aquel hombre que respondió así a un bienintencionado pariente que se aproximó a él y le dijo algo así como que «no cae una hoja sin que Dios lo quiera; Dios se lo ha llevado»: «Al diablo con ese ladrón; si se lo ha llevado Dios, que me lo devuelva, que no era suyo ni falta que le hace a él». En el fondo, desahogó así la rabia y mostró que no puede plantarse un Dios que se lleva a los que amamos, como si fuera un sádico que se alegrara con el sufrimiento infligido precisamente a los que creen en él».

— *¿Hay que ser fuerte?* «Eres fuerte, te repondrás pronto, ahora lo que tienes que hacer es pensar en ti, porque la vida sigue». Esta y otras tantas frases parecidas se dan cita también alrededor de quien sufre por la pérdida de una persona querida. Parecería que ser fuerte es un deber, que todo seguirá como si nada, que «el muerto al hoyo y el vivo al bollo», porque la vida sigue y tuviera que seguir como si nada. Parecería que estas expresiones revelaran que tampoco es tan importante lo que ha sucedido, porque todo continúa, que tampoco era tan relevante su vida, porque todo pasa y ha de normalizarse.

No alcanzan al corazón del que sufre la pérdida estas frases ni lo que ocultan. Hay una especie de idea de que la debilidad humana es vergonzosa y que la fuerza ha de manifestarse en la prontitud de pasos dados con la razón hacia la normalización de la vida. Creo, en cambio, que es saludable también reconocerse y permitirse sentir la debilidad propia. En la debilidad experimentada en el duelo se muestra la fortaleza del amor que unía a las personas separadas ahora por la muerte.

> Recuerdo aquel hombre que lloraba como un niño –como solemos decir– ante su madre moribunda, y luego, durante días y días, no dejaba de decir que qué débil se sentía, que creía que era más fuerte, que no esperaba encontrarse a sí mismo tan frágil cuando su madre muriera. A mí, que lo acompañé en ese período, me parecía que con sus lágrimas –fáciles, ciertamente– reflejaba con claridad cuánta pena tenía por la muerte de su anciana madre. Era normal que se muriera, porque era muy mayor; pero también era normal que le doliera, que se entristeciera, que se desahogara con soltura. Decírselo también le alivió, porque se vio a sí mismo más normal, más natural, más humano.

– *¿El tiempo lo cura todo?* Es cierto que se requiere tiempo también para sanar las heridas del corazón. No sanan en un instante. Ni tampoco han de permanecer siempre igual de virulentas, igual de sangrientas o de doloridas. Es cierto. La sabiduría popular también dice que, «según se asienta la tierra, se asientan los corazones»; es decir, que según pasa el tiempo, también se va serenando el ánimo. Pero no sirve esto de consuelo cuando lo que se vive es el «ahora doloroso y reciente».

En realidad, habría que ser muy prudente para afirmar que «el tiempo todo lo cura», porque hay heridas que no se curan en el tiempo; se cronifican, se infectan, empeoran, matan. También las heridas del corazón pueden cursar de la misma manera. No es el tiempo el factor terapéutico, sino el requisito para que los elementos favorables hagan su efecto: la compañía, la reflexión, el cultivo del sano recuerdo, el desahogo, la inversión de energía en nuevos afectos, etc.

No me ayuda que me digan: «¡Pobrecita; vaya desgracia que ha tenido muriéndosele el novio, con lo joven que es; pero con el tiempo se le pasará y encontrará a otro!». No me ayuda que me digan: «¡Qué joven es, pobre chica!», y a la vez que digan: «¡Ya se le irá pasando con el tiempo!», porque parece que no se hacen cargo de lo que significa para mí la muerte de Diego. Cuando escucho decir que soy muy joven y que con el tiempo tendré que rehacer mi vida, me hacen sentir mal, porque, en el fondo, me parece que no se ponen en mi lugar. Son comentarios que no tienen sentido. Me parece que muchas personas deberían callarse en lugar de decir cosas que no las piensan. Es como cuando dicen que «mientras hay vida hay esperanza»; me parece absurdo y hasta peligroso.

Estas y otras muchas frases son dichas con buena intención. Pero no basta con la buena intención. Es cierto que mucho depende de cómo son escuchadas y de quién y cómo las dice; pero la experiencia de la mayor parte de las personas es que, al escucharlas en medio del dolor del duelo, no ayudan, no consuelan. En algunas ocasiones generan una soledad emocional, inducida justamente por estas frases. Parecería que «estoy más solo o sola de lo que yo creía, porque no me dan muestras de que me comprendan». Y no es pena lo que pretendemos dar en estas circunstancias, sino que buscamos respeto, compañía saludable, alguien con quien compartir recuerdos o alguien simplemente dispuesto a preguntar si necesitamos algo; así de sencillo.

Hay más; hay más frases hechas que deshacen.

Podríamos citar algunas, como estas: «Dios aprieta, pero no ahoga», «no hay mal que cien años dure», «después de la tempestad siempre viene la calma», «a perro flaco todo son pulgas», «otros están peor», «no será para tanto», «pues tienes buena cara», «podría haber sido peor», «es peor lo de fulano», «con paciencia se gana el cielo», «los hombres no lloran», «con lo fuerte que tú eres», «con todo lo que tú has pasado podrás con esto», «no te preocupes, que está en el cielo y es mejor así»... Borrarlas de nuestro modo de aproximarnos a quien sufre nos haría más dispuestos a la escucha. Son, sobre todo, los testimonios de quien se encuentra en esa situación; y a nosotros mismos, cuando lo vivimos, nos permite constatar que no es este el modo más saludable de acompañar.

2. Lo que me puede ayudar

Para humanizar la experiencia del duelo proponemos algunas claves a continuación, sin pretensión de ser exhaustivos, que complementarían cuantas pistas han ido surgiendo ya más arriba al ir describiendo los caminos inútiles de las frases hechas.

– *Las lágrimas que sanan la herida.* El llanto es una de las expresiones más frecuentes en el duelo. Es una reacción natural a la pérdida, que algunas personas viven con más naturalidad y facilidad; y otras intentan esconder o se lo permiten únicamente en soledad.

Llorar tiene un efecto benéfico de liberación: relaja, desahoga, produce descanso y tranquilidad de espíritu, reconcilia consigo mismo y con los demás, repara, restablece orden y equilibrio en el pasado para permitir vivir el presente serenamente, ablanda, deja visible la debilidad o, si se prefiere, la fortaleza de los sentimientos y del aprecio por el ser querido. Y ablandarse es humanizarse.

San Agustín expresa este efecto benéfico de las lágrimas en sus *Confesiones* a la pérdida de un amigo:

Pues ¿en qué consiste que el gemir, el llorar, el suspirar, el quejarse se tiene como un fruto suave y dulce que se coge de la amargura de esta vida? ¿Acaso lo que hay dulce y gustoso en el llanto es la esperanza que tenemos de que Vos oigáis nuestros suspiros y lágrimas? Pero esto era bueno para que lo dijéramos de los ruegos y súplicas que os hacemos, porque siempre van acompañadas del deseo de llegar a conseguir algo. Mas en el dolor y sentimiento de una cosa ya perdida, y en el triste llanto de que entonces estaba yo cubierto, ¿podremos por ventura decir lo mismo? Porque yo no esperaba que mi amigo resucitase, ni con mis lágrimas pretendía tal cosa; sino solamente era mi fin sentir su muerte y llorarla, porque me hallaba infeliz y miserable y había perdido lo que causaba toda mi alegría. ¿O es acaso que siendo amargo el llorar nos causa deleite cuando llegamos a tener disgusto y aborrecimiento de las cosas que gozábamos antes con placer y alegría?[5]

Pero, aun siendo conscientes del poder terapéutico de las lágrimas, sentimos a veces vergüenza por llorar, o culpa —y pedimos perdón—, o llegamos incluso a exhortar a no llorar. Ciertamente, consolar al que llora por la pérdida de un ser querido no se hace invitando a no llorar. ¡Qué empeño tan estúpido ese de invitar a no llorar! En tono poético, y por tanto sin aires masoquistas, José Benjamín escribe: «¿A quién suena la música bien, pudiendo escuchar el llanto?». Y elogiando la bondad y poder humanizador de las lágrimas, si nos hubiéramos olvidado de llorar, podríamos aprender de nuevo escuchando a Gandhi,

---

[5] San Agustín, *Confesiones* IV,5.

que decía: «Toma una lágrima y deposítala en el rostro del que no ha llorado»[6].

Cuando san Pablo invita a «llorar con los que lloran» (Rom 12,15), lo hace también exhortando a no complacerse en la altivez ni en la propia sabiduría e invitando a ser humildes, como si estuviera definiendo, con palabras de entonces, el significado de la empatía, del abajamiento personal y del arte de entrar en el mundo del otro para comprender y comunicar comprensión. Algunas personas, en cambio, creen que llorar con el que llora puede hacerle sentirse peor aún, desanimarle más; y se reprimen de esa solidaridad emocional que, si es auténtica, hace experimentar proximidad y comprensión.

Las lágrimas son palabras pronunciadas —¡las hay de muchos tipos!—, sentimientos drenados. Acompañar a quien llora significa intentar recoger los significados de estas «palabras», escucharlos y más veces responder con el silencio que hacer grandes discursos sobre ellas. Comprender empáticamente pasa también por poner en alguna palabra propia o en algún gesto la expresión de haberse hecho cargo del significado. Y hacerse cargo del mundo ajeno libera y descarga un poco del peso del sufrimiento.

Permitir desahogarse o incluso invitar expresamente a hacerlo llorando puede ser el mejor camino, sencillo, pero comprometido emocionalmente, para acompañar a quien llora.

---

[6] Cf. J. C. BERMEJO, *Humanizar el encuentro con el sufrimiento.* Bilbao, Desclée de Brouwer, 1999, pp. 90-91.

Los cambios de humor ahora están a la orden del día en mi vida cotidiana. Hay días en los que me levanto más animada y con ganas de vivir, pero al rato puedo pensar todo lo contrario y tener solo ganas de llorar. Me da rabia, porque a veces me tengo que esconder o aguantarme, porque algunas personas se empeñan en decirme que no llore, que tengo que afrontarlo, que no esté tan triste. Sé que lo hacen con buena voluntad, pero deberían saber que llorar no es malo ni está prohibido; deberían saber que llorar hace bien. Cuando encuentro a alguien a quien puedo contarle lo que sea y llorar a gusto, a lágrima viva, si hace falta, y no me dice que no llore, entonces siento como un gran alivio. Sé que es incómodo para los demás; sé que a veces es contagioso y que otras veces genera impotencia, porque la gente no sabe qué decirte. Pero da igual. No importa. Lo importante es que se ha muerto y que yo necesito desahogarme.

Hay personas que no encuentran consuelo, que se sienten desconsoladas, desoladas. Sus lágrimas intensas, duraderas, reveladoras de un gran abatimiento, pueden cansar a quien las derrama y a quien las contempla, impregnando de un gran sentimiento de angustia e impotencia. Basta con pensar en el sufrimiento que deja en tantas personas quien que se suicida[7]. El sentimiento de desolación admite grados, naturalmente. Puede estar en relación con las pérdidas producidas en accidentes, catástrofes naturales o

---

[7] Cf. A. PANGRAZZI, *El suicidio. Nunca nos despedimos.* Madrid, San Pablo, 2022.

producidas por el ser humano[8]. Encontrar sentido o, mejor, poner sentido en semejante situación es una empresa difícil y un desafío sin igual[9].

– *El contacto y el abrazo que consuelan.* El contacto físico tiene mucho poder. A través de él somos capaces de comunicar mil significados. Tocarse puede ser también algo frío y rutinario: hay que saludarse. Pero tocarse puede ser comunicarse afecto íntimo y gozoso, acoger tangible y epidérmicamente la vida del otro, que se hace próxima.

El abrazo sincero, el abrazo dado en medio del dolor –como en medio del placer– implica comunión, permite tener la experiencia de romper la burbuja dentro de la cual nos podemos esconder o aislar. El abrazo auténtico, el que no deja agujeros entre uno y otro, porque aprieta al darse, recoge la fragilidad, la descarga de su virulencia, mata la soledad que mata, sostiene en la debilidad y rompe la distancia que duele en el corazón.

Quizá sea este abrazo una de las experiencias más intensas de trascendencia y de vida. El que abraza y es abrazado está vivo, acoge y es acogido, sale de sí y es recibido, recibe y se deja acoger. El abrazo es un modo de contacto corporal denso, quizá difícil de vivir en medio del dolor. Puede resultar incómodo por dejarnos desprotegidos, por la desnudez que le suele

---

[8] Cf. J. C. Bermejo / M. P. Ayerra, *Orar el duelo.* Santander, Sal Terrae, 2017, p. 27.

[9] Cf. A. Rocamora, *Cuando nada tiene sentido: reflexiones sobre el suicidio desde la logoterapia.* Bilbao, Desclée de Brouwer, 2017.

acompañar; pero nos pone en relación íntima y acogedora y descarga sobre nosotros y sobre el otro emociones fuertes: la gran satisfacción de la cercanía y la reconfortante comunión.

Así también, apretarse las manos, acariciarse, es una experiencia que levanta el ánimo, reconstruye la persona, sobre todo si en las manos está el corazón. San Camilo de Lelis, experto en la atención en el sufrimiento, les decía a sus compañeros hace cuatro siglos: «Más corazón en las manos, hermanos». Es que las manos, el contacto corporal, tienen mucho poder cuando en ellas está puesto el corazón. Acariciar, tocar en medio del sufrimiento por la pérdida de un ser querido, permite licencias que no se dan en otros contextos. Aquí el abrazo y la caricia están llenos de significado solidario, de comunicación generosa y libre.

Nunca olvidaré los abrazos que recibí el día en que murió mi padre. Nunca. Hubo tres personas que me abrazaron mucho, muy fuerte, muy seguido. Creo que les llené de lágrimas el hombro. No me dijeron nada. Con su mano me acariciaban la espalda o la cabeza. Parecía un abrazo íntimo. Y lo era. Era un abrazo de sujeción, era un abrazo sin agujeros, era un abrazo de solidaridad, de comprensión. No era un abrazo de cumplimiento, no era un abrazo para mantener las formas. No. Y se me grabó para toda la vida. Desde entonces soy consciente de que lo mejor que puedo hacer cuando acompaño a alguien que vive su duelo es, si lo creo oportuno —dependiendo de quién sea—, darle un fuerte abrazo, fuerte.

– *La escucha que sana.* Es el título de un libro[10]. Nunca será suficiente cuanto se insista en la importancia de la escucha. Escuchar puede, en efecto, ser la mejor terapia en medio del sufrimiento por la pérdida de un ser querido. Escuchar activamente significa ofrecer el interés sincero por el mundo ajeno, acogerlo y encontrarse en la verdad de la experiencia.

Cuando perdemos a los seres queridos, tenemos cosas que narrar. Con frecuencia encontramos consuelo en contar cómo ha fallecido, lo que ha pasado, cómo nos dieron la noticia, cómo fueron los últimos días o los últimos instantes. Parece, si razonamos, que esto no tiene mucho sentido o que no tiene por qué servir de consuelo. Sin embargo, podemos constatar cómo la mayoría de las personas tendemos a narrar estos detalles muchas veces. Es como si, narrándolo, nos ayudáramos a nosotros mismos a creérnoslo y a sacarlo de la soledad nuestra, para que alguien lo comparta con nosotros.

Y es que encontrarse gracias a la escucha significa aventurarse a la proximidad, al riesgo de cargar sobre sí el peso del dolor ajeno, a la experiencia de actualizar la pobreza personal que supone no saber qué decir ni tener nada que entregar para anular la causa del sufrimiento, más que a sí mismo, para compartirlo.

Invitar a narrar y preguntar cómo han sucedido las cosas, cómo ha vivido los últimos días, suele ser una estrategia que desencadena fácilmente el drenaje emocional, a no ser que lo mismo lo hagan excesivas personas y se someta a quien vive el duelo a tener

---

[10] J. C. BERMEJO, *La escucha que sana.* Madrid, San Pablo, 2002.

que contar siempre y a muchos lo mismo; lo cual se puede convertir en un peso más que en un alivio.

Escuchar activamente, si realmente se hace bien e inspira libertad y confianza, suele desencadenar la expresión de sentimientos y la narración de momentos significativos. Permite poner nombre a algunas elaboraciones interiores que acontecen no siempre de modo controlado. Es el caso del frecuente sentimiento de culpa.

La soledad será una compañera necesaria para aceptar e integrar el vacío y la ausencia generada; pero la soledad sola puede ser mortal. El equilibrio entre soledad y compañía no solo ha de ser tarea de la persona en duelo, sino también de quien desea acompañar. Los estudios que hoy se están realizando sobre la soledad no deseada la vinculan de manera particular con el duelo y, afortunadamente, están surgiendo iniciativas variadas y creativas para salir al paso de esta soledad[11].

La escucha, la verdadera escucha, es la herramienta principal de la buena compañía en el dolor. El que se siente solo «es como si fuese "único" en todo el universo, que, por su ajenidad, lo desborda y lo angustia. Únicamente un cambio significativo en su ambiente psicológico podría aliviar su sufrimiento. Algo que le hiciera apreciar que "pertenece" a alguien y que sus posibilidades de despliegue en el cauce de un "otro" permanecen intactas»[12].

---

[11] Cf. C. Santamaría / J. C. Bermejo, *Humanizar la soledad. Comprenderla y acompañarla*. Bilbao, Desclée de Brouwer, 2022.
[12] V. Madoz, «Soledad», en *10 palabras clave sobre los miedos del hom-*

La escucha es la herramienta con la que matar la muerte social, la soledad. En la película *Johnny cogió su fusil* (1971), en la que se narra la vida de un soldado que pierde los brazos, las piernas, la vista, el oído y la boca, pero que conserva la percepción por las sensaciones de la piel y las vibraciones, así como la lucidez mental, es interesante notar cómo la elaboración del duelo por las pérdidas acumuladas solo puede ser acompañada significativamente a partir de la creatividad de quien está dispuesta a escuchar lo que no se dice; pero se puede —con un arte especial— descifrar, porque llegan por diferentes canales de comunicación no verbal. De hecho, una de sus lamentaciones es la de «no ser escuchado», aunque en realidad no puede hablar. En efecto, así como comunicar es mucho más que hablar, escuchar es mucho más que oír.

> Me cansa que me pregunten tantas veces y tener que contar lo mismo. Pero me doy cuenta también de que lo necesito. Lo que quiero es hacerlo cuando me sale de dentro. Tengo ganas, a veces, de que alguien me pregunte, si quiero contarle algo, para no avergonzarme de necesitar hablar, para hablar de lo que yo quiero, para no tener que pedir permiso para hablar de lo que me preocupa. A veces no me atrevo a hablar de lo que necesito, porque tengo la impresión de que los que me quieren ayudar no están dispuestos a escuchar cualquier cosa que yo diga. Como si me fueran a prohibir ciertas cosas, ciertos

....

bre moderno. Estella, Verbo Divino, 1998, p. 284.

sentimientos, ciertos pensamientos. Así me condeno a una soledad que no me hace bien. Por eso estoy aprendiendo lo importante que es escuchar y tener a alguien que te escuche sin juzgarte. Sí, sin juzgarte nada, nada.

Para que la escucha ejerza su poder terapéutico es necesaria competencia narrativa. Algunas personas en duelo viven una forma de mendicidad de escucha, alguna forma de hospitalidad narrativa que dé esperanza, que permita apoyarse y sentirse liberadas.

– *El valor terapéutico del recuerdo.* El recuerdo es el presente del pasado. Cuando un ser querido muere, nos queda el recuerdo. Es más que la memoria. La memoria es una propiedad común al hombre y al animal, mientras que el reconocimiento de eventos pasados, en cuanto pasados, es propiedad exclusiva del hombre.

También el recuerdo puede constituir un gran tesoro y ser terapéutico si es bien utilizado. Puede cubrir el vacío generado por la pérdida, constituyendo el presente de lo que fue y ya no es. Invitar a olvidar en la elaboración del duelo o pretender olvidar uno mismo, no es la indicación más adecuada. Por otra parte, quien no consigue hacer que el recuerdo no pase a ser una obsesión, probablemente necesite ayuda profesional. Es normal, en todo caso, que en los primeros momentos el recuerdo se imponga con sus leyes; y que los sueños cumplan también su función adaptativa a la nueva situación de pérdida.

Séneca, en las *Cartas a Lucilio*, habla del recuerdo en estos términos:

Hagamos de manera que el recuerdo de los que hemos perdido tenga encantos para nosotros; no se vuelve con gusto a una idea que nos aflige. Sin embargo, si es posible recordar sin amargura el nombre de los amigos muertos, esa amargura puede encerrar unas gotas de placer, pues, como decía Atalo, «el recuerdo de los que hemos perdido es agradable, como ciertas frutas de las que nos gusta la aspereza, como el vino viejo cuyo amargor es grato al paladar»[13].

Permitirse recordar sanamente supone dar espacio a la narración del pasado, de su significado, utilizando la evocación de hechos, de imágenes, utilizando objetos, fotografías, etc., que contribuyan a colocar al difunto en un lugar adecuado del corazón, donde no haga daño, donde constituya, como tal recuerdo, un valor del presente.

No olvido lo que nos dijo el cura en el entierro. Nos lo dijo claro: «Hablad de Juan, hablad de él, recordadle sanamente, no os digáis que hay que olvidarlo y que todo ha pasado ya». Fue tan bueno aquel consejo que, cuando nos juntábamos sus hijos, sus nietos y sus nueras en casa de su viuda, no hacíamos más que recordar. Sacábamos fotos, recordábamos viajes, episodios buenos y malos; sí, no solo los buenos, porque, si no, lo habríamos subido a un pedestal, y no es bueno eso tampoco. Yo creo que, si no nos hubiera dicho aquello aquel cura tan interesante, no habríamos hecho eso. Sospecho que,

---

[13] Séneca, *Cartas morales a Lucilio*, libro VII, carta LXIII.

con frecuencia, nos habríamos dicho unos a otros que había que olvidarlo, que había que pensar en otras cosas, que la vida sigue y que no hay que mirar para atrás. Ahora creo que mirar para atrás puede hacer bien si uno no se queda solo ahí. Debe ser muy duro querer recordar y que no te dejen. He aprendido también que «recordar» significa «volver a pasar por el corazón», y eso me ha gustado.

– *Pedir ayuda.* Cada vez hay más iniciativas que responden a las necesidades de las personas que viven el dolor de la pérdida. Además de los profesionales capaces de ayudar en situaciones de necesidad, como los médicos, los psicólogos, los trabajadores sociales, etc., existen otras personas expertas en *counselling* o en relación de ayuda que ofrecen servicios destinados, particularmente, a quien vive el duelo.

No es infrecuente que aún se experimente resistencia o vergüenza a la hora de utilizar estos servicios. La experiencia muestra que, en la mayoría de los centros especializados en duelo, por ejemplo, el número de varones que acuden es muy inferior al número de mujeres. Y no es porque los hombres necesiten menos ayuda que las mujeres. Más bien es la vergüenza o el tópico social que hace pensar que el hombre ha de ser más fuerte y vivir con más normalidad y naturalidad la recuperación de la pérdida.

En los últimos años han empezado a surgir también grupos de ayuda mutua. Algunos de ellos cuentan con un terapeuta experto en duelo, y siguen pautas para ayudar. En ellos se comparte el dolor, sí, pero no solo el dolor. Se comparte el modo en que se está afrontando el dolor, la soledad, el sinsentido, el desgarro. Y quien los frecuenta suele coincidir en decir que se sienten especialmente comprendidos, por el hecho de estar viviendo situaciones semejantes. Se puede experimentar resistencia a la hora de decidir ir, sobre todo por el tópico: «Qué me van a hacer, si nadie me va a devolver a mi ser querido». Sin embargo, quien los frecuenta reconoce sin duda su utilidad.

Es obvio que hay duelos para los que estos grupos están especialmente indicados, sobre todo aquellos que se imponen por causas especialmente dramáticas, como puede ser el suicidio, la muerte violenta o por accidente, las muertes tempranas y súbitas, las muertes de descendientes y de parejas, y todas aquellas que provocan una intensidad y unas dinámicas que puedan ser iluminadas por la experiencia de otros. Después de que, en 1997, yo fundara el primer Centro de Escucha San Camilo, especializado en acompañar a personas en duelo complicado, han surgido varias decenas repartidos por España.

> Nunca creí que ir a un «centro de escucha» pudiera tener sentido. Cuando me decidí, después de que me animaran, lo hice con bastante escepticismo, porque estaba convencido de que nadie me iba a devolver a mi esposa. Sin embargo, he podido darme cuenta de que hay mucha gente como yo y peor aún. Me atrevo a decir que le he sacado partido a mi dolor y que he recibido mucho y dado mucho en los diez encuentros en los que he participado. Se genera un *feeling* muy especial. La empatía entre los integrantes del grupo se mastica. Te sientes comprendido y los demás ex-

perimentan que uno los comprende, porque estamos viviendo situaciones parecidas. Cada uno a su modo, eso sí, pero con muchos puntos en común. Creo que me he hecho más humano al tener el coraje de compartir mi debilidad; me siento más fuerte ahora, al no avergonzarme de lo que siento y de contarlo con naturalidad. Se lo aconsejo a todos los que sientan que el dolor es punzante, los ahoga o tengan cualquier indicador de riesgo.

Hay algunos indicadores que invitan a darse cuenta de la necesidad de *ayuda profesional* por el riesgo de duelo patológico. Entre ellos, la falta de respuesta o respuesta débil ante la pérdida, la prolongación del embotamiento afectivo, la intensidad de las emociones después de algunas semanas de la pérdida, la imposibilidad de hablar del difunto sin experimentar mucho dolor, dificultad para desprenderse de las pertenencias o desprendimiento precipitado e inmediato —evitación fóbica—, evitación de cualquier recuerdo, presencia de síntomas físicos, cambios radicales en la conducta, hipocondría, consumo de sustancias, historia de depresión, etc.[14] Hay que reconocer también que, en un duelo normal, la ayuda profesional puede ser nociva, por el riesgo de despertar heridas que estaban cicatrizadas en un momento de gran vulnerabilidad. No obstante, no debería ser este el criterio para inclinar la balanza hacia el no pedir ayuda, cuando se intuya que puede ser útil.

----

[14] Cf. I. Cabodevilla, «Las reacciones del duelo», a. c., p. 656.

Las separaciones son sinónimo de sufrimiento, aunque algunas comporten también liberación. Y el deseo de ayudar y de ayudarse a sí mismo puede fácilmente interpretarse como un deseo de consolar o consolarse superficialmente. Una tentación del acercamiento humanista consiste precisamente en dulcificar las separaciones, dulcificar la muerte, con una especie de nueva religión, la del acercamiento psicológico, filosófico, racional, que pudiera tender a negar la angustia existencial que, en su justa medida, es un indicador del amor que le teníamos al ser querido.

La expresión de los sentimientos, cualesquiera que sean los que se experimentan, constituyen una de las «tareas del duelo», según los autores más relevantes en este tema. Se trata de elaborar el dolor emocional, no negarlo, no evitarlo, no vivirlo en la soledad o secretamente. Evitar un dolor consciente nos lleva, antes o después, a algún tipo de «colapso emocional». Permitirse y exigir que a uno le permitan sentir y que le validen los sentimientos, en lugar de negarlos o minimizarlos, constituye un buen camino para vivir sanamente el duelo.

Seguro que el lector conoce la letra de la canción de Ricardo Montaner titulada «Déjame llorar», que puede ilustrar cuanto venimos diciendo y permitir identificarse serenamente con la experiencia que recoge. No son pocas las personas que encuentran alguna forma de consuelo, en efecto, en las canciones cuyas letras nacen del dolor del duelo, al igual que en la poesía, que encuentran su forma específica en el género llamado elegías.

Cuánto vacío
hay en esta habitación,
tanta pasión colgada
en la pared.
Cuánta dulzura
diluyéndose en el tiempo,
tantos otoños contigo
y sin ti, solo.
Millones de hojas
cayendo en tu cuerpo,
otoños de llanto
goteando en tu piel.
Iluminada y eterna,
enfurecida y tranquila
sobre una alfombra de hierba,
ibas volando dormida
un imposible silencio,
enmudeciendo mi vida
con una lágrima tuya
y una lágrima mía…
Iluminada y eterna,
enfurecida y tranquila
sobre una alfombra de hierba,
ibas volando dormida
con una estrella fugaz;
te confundí la otra noche
y te pedí tres deseos
mientras duraba tu luz.
Déjame llorar;
déjame llorar por ti,
déjame llorar.

Cuántas nostalgias
durmiendo en el desván;
he declarado mi vida
en soledad.
Hago canciones de amor
que nunca olvido,
pues sobre nubes de otoño
las escribo, solo.
Millones de hojas
cayendo en tu cuerpo, otoños
de llanto
goteando en tu piel.
Iluminada y eterna,
enfurecida y tranquila
sobre una alfombra de hierba,
ibas volando dormida
un imposible silencio,
enmudeciendo mi vida
con una lágrima tuya
y una lágrima mía…
Iluminada y eterna,
enfurecida y tranquila
sobre una alfombra de hierba,
ibas volando dormida
con una estrella fugaz;
te confundí la otra noche
y te pedí tres deseos
mientras duraba tu luz.
Déjame llorar;
déjame llorar por ti,
déjame llorar.

3

ME HAGO PREGUNTAS

Los seres humanos, a diferencia de los animales, nos preguntamos por el sentido de las cosas. No siempre que nos hacemos preguntas buscamos una respuesta, por extraño que parezca. A veces no hacemos más que revelar nuestra condición de buscadores inquietos. En otras ocasiones, las preguntas nos angustian, porque somos incapaces de poner un poco de orden en nuestro corazón intranquilo.

Las preguntas que nacen del sufrimiento son de naturaleza existencial. Son radicales. Hablan de nuestras verdades más hondas. Quizá vivimos en una época que tiende también a silenciar las preguntas y a buscar caminos menos reflexivos y más operativos. Pero el duelo nos abofetea con sus preguntas, aunque las esquivemos.

1. Por qué

¿Por qué?, ¿por qué?, ¿por qué a mí?, ¿por qué ahora, precisamente cuando…?, ¿por qué a él o a ella?, ¿qué habría hecho?, ¿qué sentido tiene?, ¿realmente es el final?, ¿y no queda nada?, y un sinfín de preguntas pueden surgir en la persona que sufre la pérdida de un ser querido.

Son preguntas que recogen más que inquietudes racionales, sentimientos. Recogen sobre todo sentimiento de rabia. A veces, en lugar de decir «me duele» o «estoy enfadado», decimos precisamente eso: «¿Por qué?». No son preguntas estas que busquen ser respondidas. Más aún, si alguien intentara dar algún tipo de respuesta, no lo lograría ni satisfaría a quien lanza su experiencia formulada de esta manera. No son preguntas que puedan ser respondidas con la lógica de la razón. Son preguntas existenciales que revelan que no nos conformamos con el vacío, que queremos buscar un sentido, que no todo puede quedar en las explicaciones que cualquiera daría de tejas abajo: la enfermedad, el accidente, la coincidencia… No basta con ninguna de estas hipótesis; no bastan.

Hay quien consigue responderse del modo más llano que se puede hacer, pero, aun así, en el corazón, la razón no siempre tiene autoridad suficiente. No siempre el argumento del siguiente testimonio es satisfactorio para todos.

> ¿Por qué? Esto es lo que nos preguntamos todos cada vez que muere un ser querido. Pero tal vez la pregunta debería ser: ¿y por qué no? Parece que estas cosas siempre les pasan a los demás…, hasta que nos tocan de cerca. Y lo curioso del asunto es que hasta en eso parecemos egoístas. No lloramos por ella, lloramos en parte por nosotros. Porque ya no podremos contagiarnos de su simpatía, porque mañana sobrará sitio en clase, porque ahora habrá una habitación vacía y un gran hueco en

el corazón. Y le echaremos la culpa a Dios, y le pediremos cuentas por habernos robado el tesoro que él mismo nos había dado. Pero no, la muerte no es un castigo. Ni siquiera un premio. Es, simplemente, otro hecho natural, inseparable de la vida, como el aire y el agua. ¿Es acaso la lluvia consecuencia de una buena o mala acción? El día que veamos a Dios llorando a nuestro lado, en vez de hacerle responsable de nuestras desgracias, habremos entendido, al fin, el verdadero significado de la muerte.

No, no siempre la persona que está dolida se conforma con este tipo de respuesta que, por otro lado, tiene una lógica aplastante. Porque, en el fondo, lo que necesitamos no es solo caer en la cuenta de que también hay una explicación próxima a la muerte, sino que necesitamos desahogarnos realmente, interpelar e interpelarnos. Y con frecuencia necesitamos también alguien con quien compartir la pregunta.

Podríamos decir, expresando lo que sentimos, en estas circunstancias: ¡malditas preguntas que se imponen enigmáticamente; amadas preguntas que nos revelan nuestra naturaleza humana![1]

El poeta Rocki escribía: «Sé paciente con todo lo que queda sin resolver en tu corazón. Trata de amar tus mismas preguntas. No busques las respuestas que no se pueden dar, porque no serás capaz de vivirlas. Vive tus preguntas porque tal vez, sin notarlo, estás elaborando gradualmente las respuestas».

---

[1]   Cf. J. C. Bermejo / M. P. Ayerra, *Orar el duelo*, o. c., p. 106.

El creyente cuenta con algo más en esta situación: la posibilidad de presentar a Dios mismo esta pregunta. El hombre bíblico, el hombre confiado en Dios, a él le interpela y le pide que no se oculte ni se esconda, que dé la cara y muestre que es realmente un Dios que ama la vida y no la muerte. Así también los creyentes podemos presentarle a Dios nuestra pregunta con la certeza de que esto es una sana actitud de oración y de comunicación confiada con aquel que sabemos nos ama.

– *En el suicidio.* Para una familia, el suicidio es la crisis de duelo más difícil de afrontar y resolver con eficacia[2].

La pregunta ¿por qué a mí?, junto con otras como ¿qué habré hecho yo? o ¿qué no habré hecho para evitarlo?, constituyen martillos difíciles de parar que aturden a quien ha perdido a un ser querido, especialmente cuando la causa es el suicidio. La autoinculpación es una vía de racionalización o de defensa: ante la incomprensión y el absurdo, el ser humano se atribuye a sí mismo una responsabilidad; lo cual es más fácil de aceptar que la falta total de sentido y el vacío inmenso que genera la desaparición del suicida. Si el absurdo y la máxima impotencia habitaron al suicida, ahora habitan a sus seres queridos[3].

En efecto, cuando queremos explicar la vida de nuestros próximos como una deuda hacia nosotros o la nuestra como una deuda a la suya, perdemos esa

---

[2] Cf. J. W. WORDEN, *El tratamiento del duelo*, o. c., p. 222.
[3] Cf. A. PANGRAZZI, *El suicidio*, o. c.

dimensión de misterio de cada una de las libertades personales que llegan hasta el punto de permitir, en efecto, que algunos seres humanos elijan la muerte antes que la vida; o, sencillamente, que tengan un final natural antes que nosotros. Libres y responsables, sometidos también a las leyes de la naturaleza, capaces incluso de dar una respuesta personal, quizá expropiación de la libertad, son características que nos definen a todos los seres humanos como dueños de sus dotes mentales y limitados en ello. Por eso, cuando la pregunta es formulada en términos de interpelación al difunto: «¿Por qué me has hecho esto?», «¿por qué me has dejado ahora?», etc., estamos ante un modo de atribución de la responsabilidad que coloca en un lugar concreto la causa, porque dejarla en el vacío es más difícil de procesar y de aceptar.

Cada persona que se quita la vida constituye un reclamo universal, no tanto para promover el sentimiento de culpa sin consecuencias cuanto para tomar conciencia de la responsabilidad de construir un mundo habitable y capaz de dar sentido, un mundo en el que quepan todos. Desgraciadamente, el suicidio es un problema creciente.

En efecto, muchos de los suicidas son personas que experimentan diferentes formas de marginación, tales como enfermedades incapacitantes, ancianidad, viudez, paro, etc. En todos ellos se podría afirmar una notable experiencia de pobreza de relaciones vividas como suficientemente significativas —incluidas consigo mismo—, a nivel afectivo, que generan una soledad vivida como caldo de cultivo del sinsentido;

pero esto no significa que haya culpabilidad o responsabilidad en los supervivientes. Es una experiencia personal, vivida de esa manera, incluso por encima del entorno, que se puede haber empeñado en generar las mejores de las circunstancias afectivas posibles.

He ahí la responsabilidad de todos en la prevención: la lucha contra la soledad afectiva y la promoción de relaciones que refuerzan la identidad de cada uno y el gusto por ser uno mismo y reconocido, también en medio de las dificultades. La prevención primaria pasa por el tipo de sociedad que construimos: más o menos justa, inclusiva, apoyada en relaciones y valores sólidos.

La prevención del suicidio, entonces, requiere construir una cultura de sentido. Pero esto no significa una cultura de éxito y de plenitud. El sentido ha de convivir también con la experiencia de fracaso y de frustración. Puede que estemos contribuyendo a una cultura en la que el fracaso resulta cada vez más difícil de integrar. Educar desde todos los ámbitos a una sana autoestima, que hace la paz también con la experiencia de fracaso, constituye un reto permanente, especialmente en los contextos en los que se detecte más «analfabetismo emocional» o incapacidad para manejar los propios sentimientos, entre los cuales también está la frustración. No es más feliz el que menos frustraciones experimenta, sino el que, con más sabiduría, es capaz de moverse entre amores y desamores, triunfos y fracasos, queriéndose sanamente a sí mismo. Todo un reto para la educación en la familia, en la escuela, en todos los ámbitos de socialización.

De sentido y de esperanza se tiene experiencia cuando se saborea el amor, cuando nos sentimos queridos y gustamos de querer. En el fondo, sin generar dependencia, la primera razón para no quitarse la vida ha de encontrarse en quien escucha y acoge el deseo de quitársela, manifestando incluso el respeto a esta decisión, a la vez que acompañando a barajar sus implicaciones y otras posibles alternativas.

Podemos percibir inútiles estas reflexiones cuando una persona ya se ha quitado la vida. Pero aún es tiempo de aprender, aprender a vivir en paz consigo mismo y recogiendo el reto de cultivar los afectos y el manejo de los sentimientos propios y de los que nos rodean. La energía invertida ahora en la autoinculpación o en la inculpación del otro —«¿por qué me has hecho esto a mí?»— vale la pena más bien invertirla en la búsqueda de la paz, en la aceptación del misterio de cada vida humana. Y también de la del ser querido fallecido. Y el misterio, eso sí, es realmente difícil de aceptar. De alguna manera, no queda más remedio que abandonarse a él, desistir de la búsqueda de respuesta e intentar vivirlo lo más saludablemente posible.

La madre de dos hijos suicidados a distancia de un año, ahorcados en su casa, encontrados por ella misma, tiempo después manifiesta su esperanza en que su vida todavía tenga sentido introduciendo especialmente el significado de acompañar a su nieta, centrando el afecto en una relación que le da sentido a su vida, después del desgarro inmenso que supuso el suicido de dos de sus tres hijos[4]:

> A dos años de la muerte de María Alejandra y a tres de mi hijo Luis Patricio –los dos suicidados–, he comprendido que por inconmensurable que sea mi amor por ellos, mis hijos tienen derecho a esa otra vida, a esa paz que no tuvieron en esta tierra. Por ese amor me desprendí de ellos y acepté que se fueran con el convencimiento de que el espíritu de mis hijos permanecerá para siempre en mi alma, ya que yo jamás olvidaré a mis «niñitos». A pesar del dolor y de que mis ojos se apagaron, nunca he pensado en quitarme la vida, ya que espero acompañar a mi nieta Javierita en los caminos que esta vida le tiene preparados; y que, sin duda, serán mejores que los que vivió su padre. Y quizá entregar este testimonio sea el «legado» de Luis Patricio a su hija, ya que a través de estas páginas su padre y su tía permanecerán para siempre, y sus vidas no serán vacuas. Servirán de alerta, de apoyo y de consuelo.

2. ¿Qué hago con la culpa?

Aunque parezca irracional, la muerte de un ser querido despierta en nosotros el sentimiento de culpa. Es curioso, aunque no haya ninguna relación directa y ni siquiera remota entre el fallecimiento y la

---

4 S. Roccatagliata, *Un hijo no puede morir. La experiencia de seguir viviendo.* Santiago de Chile, Grijalbo, 2000, pp. 174-175.

propia responsabilidad, nos decimos a nosotros mismos que algo más tendríamos que haber hecho, que algo más podríamos haber hecho, si no para evitar la muerte, sí para dar más felicidad al difunto, para no haberle ocasionado algunos disgustos, etc.

Existe una culpa inoperante y estéril que solo sirve para producir más angustia y desasosiego, y se suele manifestar a través de remordimiento por lo que se ha hecho o se ha dejado de hacer. Algunos consideran que recordar un evento que nos hace sentir culpables puede predisponernos al «masoquismo moral»[5]. Pero existe también una culpa reparadora que pone los medios para que algo negativo pueda ser motivo para el crecimiento personal. Cuando la culpa es reparadora, procura sacar algún provecho, incluso de una situación tan adversa como la muerte de un ser querido. Lo que no se hizo o se debió hacer interpela el propio modo de vivir; y puede ser encauzado para impregnar las relaciones actuales o venideras de aquellos valores que ahora se aprecian.

No solo los familiares sienten culpa. A veces también los mismos profesionales que han hecho lo posible por evitar la muerte o que han atendido al herido. Dice De Hennezel:

> También hay que hablar de la culpabilidad y el miedo del propio cuerpo médico. Cito a menudo el ejemplo de la carta que Freud envió a un amigo cuando murió su hija Sophie, muerte que experi-

<hr>

[5] Cf. J. C. Bermejo / B. Rocamora / T. Catalá, *Sanar la culpa*. Madrid, PPC, 2018, p. 39.

mentó como una «irreparable herida narcisista». El mundo médico se siente culpable de los límites de su técnica y huye. Se trata realmente de una herida narcisista, y ese narcisismo herido es el de una sociedad que se cree omnipotente a causa de sus «progresos». Hay, pues, en efecto, una culpabilidad: la de una civilización técnica que, ante la muerte, toca sus límites[6].

No olvidamos el duelo del asesor, a quien le resulta difícil sentirse útil para la persona que lo vive, lo cual genera, con frecuencia, ira y frustración[7].

La culpabilidad no es malsana si es el anverso de una adhesión a valores que mantenemos, a pesar de que nos juzguen (o nos juzguemos nosotros mismos). «En el momento mismo en que nuestra culpabilidad nos descalifica, la adhesión a valores nos revaloriza, al mismo tiempo que nos juzga»[8].

A veces es una culpabilidad que adquiere perfiles sencillamente malsanos, como si la muerte hubiera sido un castigo y como si nosotros hubiéramos tenido algo que ver con nuestras faltas para provocar tal castigo, aunque no lo pensemos así expresamente. Parece que, aun sin querer, algunas veces funciona dentro de nosotros esta ecuación: «Las riñas ocasionan muerte»[9].

---

[6] M. de Hennezel / J.-Y. Leloup, *El arte de morir. Tradiciones religiosas y espiritualidad humanista frente a la muerte.* Barcelona, Helios, 1998, p. 69.

[7] Cf. W. Worden, *El tratamiento del duelo*, o. c., p. 299.

[8] J. Vimort, *Solidarios ante la muerte.* Madrid, PPC, 1990, p. 105.

[9] M. Bautista / N. Sitta / D. Sitta, *Renacer en el duelo. Cuando muere un ser querido.* Madrid - Buenos Aires, San Pablo, 1995, p. 29.

La superación del sentido de culpa pasa por el autoperdón y por la valoración positiva de las propias opciones de la vida. Incluso, se podría decir, la fidelidad a tales opciones se convierte en una renovación de ellas, aun a pesar del esfuerzo que supone, dado el complejo haz de sentimientos que se experimentan. En otros casos, incluso existe la posibilidad de cambiar, apostando por aquello que realmente se experimenta como valioso. Ser capaz de cambiar es una forma de dominar el tiempo, de abrirse a la eternidad y, por tanto, de ser más fuerte frente a la muerte.

Cuando la culpa es el resultado de una responsabilidad sana, toca reforzar y validar el sentimiento de culpa como respuesta positiva, puesto que denota rechazo y arrepentimiento por lo sucedido, a la vez que trabajar la aceptación de las limitaciones humanas y, si fuera necesario, buscar algún tipo de conducta reparadora saludable[10].

Hay sentimientos de culpa que pasan por la comprensión de que se está sobredimensionando un aspecto sin considerar el conjunto. Por ejemplo, algunas personas se sienten culpables porque «no le dije que lo quería», aunque en realidad la relación fue de un cuidado exquisito y el amor fue comunicado en gestos de atención. Es cierto que el afecto es saludable expresarlo, pero también es importante colocarlo en la globalidad de los cauces de expresión. Si hace

---

[10] Cf. M. Magaña / J. C. Bermejo, *Modelo «humanizar» de intervención en duelo. Centro de Escucha San Camilo.* Santander, Sal Terrae, 2014, p. 149.

bien decir «te quiero», podemos aprenderlo para el futuro; pero también podemos aprender que decimos «te quiero» cuando «ponemos el pijama» a un ser querido porque él no puede, cuando le damos de comer o cuidamos de su temperatura o su higiene, o cualquier otro detalle. En el fondo, habría que reconocer: «Me gustaría haberle dicho con los labios "te quiero", aunque le dije muchas veces con los gestos que le quería».

El sentimiento de culpa en el superviviente es una instancia de autocondena que puede ser irracional o puede responder a una relación de causa-efecto, entre errores del pasado y la muerte, o la enfermedad, o el suicidio del difunto. Se puede vivir entonces la muerte como experiencia de castigo, aflorando residuos de material removido, de conflictos no resueltos, de sentimientos de culpas morales o simplemente psicológicas que parecen responder, en último análisis, a una necesidad de castigo, según la cual se ve en el sufrimiento un castigo compensador, una lección de modestia innata, una derrota de esa invulnerabilidad que se tiene la impresión de haber afirmado en la vida con excesiva osadía. Se puede tener la secreta impresión de que la muerte del ser querido haya llegado a castigar la culpa de haber tenido éxito, de haber hecho carrera, de haber obtenido amores, familia, fortuna…; de no haber tenido presente el límite; de haber olvidado que no se es omnipotente, que al hombre no se le concede lo ilimitado y que todo lo que posee es precario; de haber olvidado, en una palabra, la insolvencia congénita de la criatura.

A veces me echo la culpa a mí de la muerte de mi marido. Sé que es irracional, que no es así, pero no lo puedo evitar. Tuvimos suficiente dinero para cuidarnos la salud, para llevar una vida medianamente en orden. No siempre lo hicimos. Por eso me digo muchas veces que deberíamos haber compartido más tiempo, haber dedicado más tiempo a hablar entre nosotros, a pensar juntos, con los amigos o con la familia, a hacernos revisiones periódicas de la salud, a compartir con nuestros hijos... Después de que enfermó me digo a mí misma que podríamos haber estado la familia más tiempo con él; me siento culpable hasta de haber ido a dormir algunos días por la noche a casa en lugar de estar siempre con él en el hospital, aunque realmente no lo necesitaba; me echo la culpa de no haber ido a un hospital privado donde quizá habrían podido hacer más cosas, aunque sé que no es así. Me echo la culpa de aquellas tontas discusiones que teníamos algunas veces por las cosas más normales del mundo, como si aquello hubiera podido contribuir a que enfermara y a que muriera; me echo la culpa por tantas cosas que me doy cuenta de que no puede ser así, que no me estoy haciendo bien a mí misma. Parece como si echarme la culpa fuera una vía de salida de un túnel que no tiene otra salida que la aceptación de lo que no podemos cambiar, de los límites de la vida. Sé que echarme la culpa es absurdo; sin embargo, aún me veo a mí misma en esta dinámica que espero poder superar y aceptar lo que no puedo controlar, ni hubiera podido, si hubiera hecho tantas cosas que, en ocasiones, creo que debía haber hecho y no hice, o hice y podía haber evitado. Nunca pensé que la pérdida de un ser querido comportara un dolor con estos matices.

En algunas ocasiones, el sentimiento de culpa se relaciona con algo muy concreto que tiene una relación directa, pero que no es capaz de explicar la muerte. Se trata de una atribución a uno mismo de algo que no es exactamente así; pero que, si no se atribuyera a uno mismo, quedaría en el vacío; y semejante sentimiento se hace más difícil o intolerable que la culpa.

> Aquella noche le dije a mi novio que fuéramos a tomar una copa al pueblo de al lado. No bebió; tomó una coca-cola. No, no fue eso. Al volver, un gato atravesó la carretera y nos caímos de la moto. Allí murió. Y yo aquí, ya ves, con una simple fractura de un hueso y algunos rasguños. La culpa fue mía. No hay duda. Si yo no le hubiera dicho que nos fuéramos al pueblo de al lado, mi novio no habría muerto. Me dicen que yo no tengo la culpa, que fue la casualidad del gato que se cruzó en aquel momento y el golpe, que él lo recibió en la cabeza; pero me cuesta mucho aceptar que yo no tuve la culpa. Yo le quería mucho. Siento como si lo hubiera matado invitándole aquella noche. Nunca debí haberlo hecho. Sé que es irracional pensar así, pero parece que me da paz. Un gato no es suficiente para matar a mi novio.

En algunas ocasiones, el sentimiento de culpa se asocia al hecho de no haber estado en los momentos de la muerte, sobre todo, cuando el proceso ha sido largo y, casualmente, la muerte se ha producido durante la ausencia del ser querido. Es un sentimiento que en ocasiones se hace fuerte e intenso. En realidad, cuando ha habido posibilidad de acompañar, hay que hacerse cargo de que el final no era el instante en que expiró, sino el proceso de acompañamiento en el que sí que se estuvo. Es cierto que el instante último tiene un contenido simbólico, pero parece razonable hacer un camino hacia la paz consigo mismo, dando más importancia al proceso de acompañamiento en el final de su vida y su dependencia, que al instante último. He aquí las palabras de una hija que iluminan esta realidad.

Dicen que soy joven y que los recuerdos el viento se los lleva. Pero olvidar tanto…, no puedo; ha ocurrido todo demasiado despacio y, a la vez, extremadamente deprisa. Supongo que es una experiencia y un recuerdo que nunca se me olvidará; se ha quedado ahí; en mi alma, si es que existe; en mi corazón, si es verdad que con él siento. Todavía no puedo creerme que todo lo que está pasando a mi alrededor me esté ocurriendo verdaderamente a mí; quizá no soy realista y no lo quiero aceptar, aunque he oído que esto no es fácil aceptarlo.

Todo empezó una noche, cuando mi madre me despertó gritando y, muy asustada, me dijo que llamara al 061, porque apenas te quedaba aliento para respirar. Mientras los nervios entraban dentro de mí y nada podía hacer para impedirlo, marqué los números; y después de hablar con una mujer educada colgué rápidamente y al instante corrí, sin fijar apenas los pies en el suelo, hacia tu dormitorio. Nunca te había visto tan mal. El ronroneo aterrador de la bombona de oxígeno me estaba poniendo cada vez más nerviosa. No oía nada más, excepto esa respiración costosa y ese pitido que te salía desde lo más profundo de tu pecho. Llamaron a la puerta: eran los médicos. En un momento, tu habitación se llenó de gente, todos afanados en torno a ti, inyectándote algún medicamento. Todavía veo que esa noche te agarró la muerte, se posó en tu cama y te señaló; pero se encontró frente a frente conmigo y no sé si, por compasión, por esa vez retrocedió. Pasaban los días y yo perdí completamente la noción del tiempo. No sabía ni en qué hora ni en qué día nos encontrábamos. Cada minuto se me hacía eterno, y tú me hablabas y me dedicabas una mirada. Dentro de tus ojos verdes leí: «¡Qué será de ti!». Admiro tu entereza; debe de ser durísimo cuando sabes que vas a coger un tren y que no tiene vuelta y, sin embargo, tu sonreías. Tengo que reconocer que, cuando te veía sufrir tanto, pedía a Dios que todo terminara pronto. No pienses que era porque no te quería; todo lo contrario, te quería demasiado para dejarte sufrir de esa manera. Me siento culpable, y creo que me sentiré toda mi vida, de no haber estado contigo cuando te fuiste Y sé que debo superarlo, porque, en realidad, te acompañé durante todo el tiempo que me necesitaste.

¿Puedo vivir por ti, papa? ¿Llevarte en el cuerpo para que nadie te olvide y existas esos treinta años que te han robado? Déjame; quiero hacerlo. Tú me verás desde algún sitio y te sentirás orgulloso de ello, te lo prometo. No deseaste una lápida con tu nombre en algún lugar que significó algo para ti; elegiste, simplemente, estar en mi corazón y en el de la gente que alguna vez te quiso. Estoy tranquila, sé que mientras te recuerde estarás conmigo. Todos los días, desde que te fuiste, pienso en mi interior: «¡Dios mío, acoge a mi padre, recíbelo, cuídalo y hazlo feliz! ¡Dios mío, ayúdame a encontrar la paz conmigo misma y quítame este peso por no haber estado el último instante!».

Lo mismo que acompañando enfermos graves se puede experimentar culpa por estar sanos[11], se puede llegar a experimentar culpa por estar vivo. Como si nosotros tuviéramos que haber «pagado» antes que el fallecido, como si fuéramos «peores personas» o hubiéramos sido capaces de sustituir vicariamente a quien en realidad murió. Puede haber en el fondo un sano deseo de vida para el que la ha perdido, pero no está de más preguntarse qué hay detrás, si no hay algo que perdonarse en relación con quien murió o algo que pensar de una manera más lineal y racional.

No queda más remedio, a la búsqueda de la salud en medio del dolor por la pérdida, que preguntarse razonablemente sobre lo que hay de verdad detrás de la culpa, aprovechar las posibles respuestas para reorientar la vida y hacer la paz con el propio pasado, asumiendo que es propio, sin disminuir la estima de sí.

En ocasiones, el sufrimiento producido por la culpa que generan hechos o acontecimientos del pasado y, en todo caso, vividos como irreversibles, necesitan acompañamiento psicoterapéutico. La terapia gravita sobre ese carácter de irreversibilidad en el tiempo[12]. Las frases que ejemplifican la dificultad en su

---

[11] Cf. A. GAMEIRO, *Nuevos horizontes de la viudez*. Madrid, Ediciones Paulinas, 1989, p. 81.

[12] Cf. P. PÉREZ SALES, *Trauma, culpa y duelo. Hacia una psicoterapia integradora*. Bilbao, Desclée de Brouwer, 2006, pp. 161ss.

abordaje pueden ser: «Nada de lo que usted me diga podrá cambiar lo que ha pasado», «nada me lo podrá devolver», «ojalá nunca hubiera sucedido», etc. Aunque es posible aprender del pasado, gran parte del trabajo tiene que ver con manejar los sentimientos generados por hechos sobre los que ya no se tiene control.

3. ¿Vale la pena seguir invirtiendo en afectos?

Algunas personas experimentan intensamente el vacío o el sinsentido de las relaciones afectivas significativas al vivir el dolor por la pérdida, y surge la pregunta coloreada de desánimo: ¿vale la pena amar si en el fondo todo termina? ¿Puedo invertir energía en nuevos «amores», nuevas personas destinatarias de mi interés? ¿Cuándo puedo apegarme a nuevas personas sin traicionar el vínculo que tenía con el fallecido?

La literatura sobre el duelo considera precisamente como una de las «tareas del duelo» esta: «Recolocar emocionalmente al fallecido y continuar viviendo»[13]. En efecto, es frecuente sentir laboriosa la «recolocación» del fallecido en el corazón del doliente. Algunos, ingenuamente, invitan a olvidar al ser querido, como si el olvido fuera terapéutico o como si el olvi-

---

[13] J. W. Worden, *El tratamiento del duelo*, o. c., pp. 34-35. Cf. También P. Arranz / J. J. Barbero / P. Barreto / R. Bayés, *Intervención emocional en cuidados paliativos. Modelo y protocolos.* Barcelona, Ariel, 2003, pp. 115-116.

do no fuera un insulto al amor, que reclama eternidad y presencia siempre. No es el camino del olvido el adecuado, pero tampoco el de la presencia invariable del difunto en la vida del superviviente, pues estaríamos ante un duelo crónico.

A esta tarea se refería Freud cuando decía que el papel del duelo consiste en recuperar la energía emotiva invertida en el objeto perdido para reinvertirla en nuevos apegos[14]. Puede resultar cruel formularlo así si la persona vive muy intensamente el dolor o la pérdida es muy reciente. Pudiera parecer que detrás hubiera una «deshonra de la memoria del difunto», a no ser que, en efecto, el proceso sea saludable en el tiempo y personalizado en el ritmo de cada uno. Allouch se refiere más a la necesidad de aprender a vivir de nuevo, con la amputación sufrida en el duelo, es decir, con aquello que muere de uno mismo[15].

Algunas personas experimentan culpa –¡una vez más!– si invierten energía en una nueva persona a la que amar; otras, incluso, moralizan sobre esto y lanzan mensajes de que es un desaire al fallecido entablar nuevas relaciones íntimas con otras personas (sobre todo si se construyen nuevas parejas). En realidad, de la persona perdida no hay ni que olvidarse ni que dejarla en el mismo lugar vital. El objetivo no es olvidar a la persona amada, sino reestructurar el tipo de vínculo y la forma de relacionarse con él, tomando conciencia realista de a qué se debe renunciar

---

[14] Cf. S. FREUD, *Duelo y melancolía*, en id., *Obras completas* VII. Madrid, Biblioteca Nueva, 1983.
[15] J. ALLOUCH, *Erótica del duelo en tiempos de la muerte seca.* o. c.

realmente (a su presencia física y todas sus implicaciones) y a qué no (a su significado en el corazón y en la propia historia).

Invertir energía en nuevas relaciones afectivas, en nuevos intereses, darse permisos[16] de manera progresiva para restablecer la vida social, constituye una de las tareas del duelo. Incluso se puede decir que el duelo acaba cuando la persona ya no necesita reactivar el recuerdo del fallecido, con una intensidad exagerada en la vida cotidiana. Mientras tanto, el camino progresivo consiste no en decir «adiós a una persona» definitivamente, sino despedirse de un tipo de vínculo, el que era posible mantener en vida. No se trata, pues, de reemplazar lo irreemplazable ni de hacerlo mediante sustituciones precipitadas, que pueden dar lugar a problemas serios en las nuevas relaciones, sino de ir desplazando la energía emocional a la vez que conservando el valor que tuvo la persona amada, así como aprender a vivir sin la parte de uno mismo que muere con el fallecido.

Particularmente difícil puede ser esta tarea en el caso de los padres con los hijos fallecidos y de las parejas (enviudamiento). De hecho, para muchas personas esta es la tarea más difícil de realizar en el proceso del duelo, la de invertir energía en nuevas relaciones.

> Yo perdí hace tiempo a un sobrino de cáncer con 11 años, a mi padre, a mi querida madre hace cuatro años, y todo es muy duro; pero nada tiene que ver

---

[16] Cf. S. Rojas, *El manejo del duelo.* Bogotá, Verticales, 2008, p. 52.

con la muerte de un hijo, como me ha pasado ahora, pues va en contra de la naturaleza. Cuando murió mi madre, también lo pasé muy mal. «Sentí que mi cordón umbilical se había roto definitivamente; la persona que más me había querido de forma desinteresada ya no estaba conmigo. ¡Era horrible! ¿A quién voy a recurrir yo ahora para que me aconseje en muchas cosas?». Mi madre y yo teníamos una unión muy especial; mi padre había estado mucho tiempo enfermo y yo siempre traté de ayudarle. Pero al final siempre te queda un sentimiento de culpa. «Y si le hubiera llevado a otro médico…, y si no hubiera estado sola en casa…», y así muchos «y si…», hasta que te das cuenta de que no eres omnipotente ni tienes la capacidad de dominar todo, y que no tienes control sobre la vida y la muerte, que es un misterio. Tardas mucho tiempo en superar todo eso: no puedes deshacerte de su ropa, de sus cosas, de la casa donde has vivido con ella, cuesta llegar a pensar en ella sin tener tanto dolor.

Sin embargo, pienso que nada es comparable con la muerte de un hijo. Desde que murió mi hijo, he visto cómo mis perspectivas de futuro han desaparecido, me siento vacía, pienso que he fracasado como madre —mi deber era cuidarle—, mi autoestima se desvanece, siento como si solo quisiera morirme y reunirme con él; y este proceso es muy largo y difícil de superar. A veces creo que me he vuelto loca, quiero que se mueran sus amigos, todos los chicos de su edad, los médicos que no han sabido curarle, los que le han vendido las pastillas, como si deseara que la vida se detuviera; pero la vida sigue y yo me siento como si ya no perteneciese a ese mundo. Me doy cuenta de que he perdido la sensibilidad, como si no me importara nada ni nadie, y llego a pensar: «¡Dios mío! ¿Qué me pasa?».

En efecto, para invertir energía en nuevos afectos hay muchos pasos que dar antes, como relata esta mujer que ha perdido a su hijo de 15 años por suicidio.

Pueden resultar interesantes, en todo caso, las «leyes de la separación» a las que se refiere Pangrazzi cuando sintetiza así una experiencia universal[17]:

1) No se puede vivir sin sufrir. La vida está marcada por el límite, y cada opción, aunque hermosa, comporta límites y tiene un precio. Las experiencias gozosas esconden en la sombra el precio de su fin.

2) No se puede sufrir sin esperar. Sufrir sin sentido y sin buscar un modo de transformar la experiencia en posibilidad de encontrar alguna luz solo es posible para los masoquistas.

3) No se puede esperar sin abrirse. La esperanza florece cuando la persona en duelo se abre a otros, al mundo, a la vida. Una herida que se cierra en falso produce mal. Abrirse comporta también una cierta humildad y coraje, una cierta liberación interior y equilibrio progresivo, una aceptación de que aún se puede amar y dejarse y sentirse queridos.

Apostar por invertir energía en nuevos afectos puede ser experimentado como un esfuerzo desmesurado, como si comportara el trabajo en relación con el ser querido perdido y aún se nos pidiera más en rela-

---

[17] Cf. A. PANGRAZZI, *Aiutami a dire addio.* Toronto, Erickson, 2003, p. 16.

ción con otros. Y hay un tiempo para todo. Pero puede haber caminos inteligentes para ello, con salud en el corazón, con la intención de «repoblar el desierto» surgido en lo más íntimo de nuestro ser.

Me encuentro teniendo que montarme un mundo nuevo. Y así es. Para repoblar el desierto tendremos que hacer una auténtica hazaña de recreación. No tenemos nada, nos hemos quedado vacíos de todo lo que llenaba nuestros momentos, horas, días, presente y futuro. Momentos preciosos que aún cobran más valor porque ya no volverán a ser.

Pero, a pesar del vacío, de la nada que parece envolvernos, tenemos esa capacidad para crear un mundo nuevo. Crear es exactamente eso, sacar de la nada algo; allá donde no hay, hacer florecer; y lo único que necesitamos para eso es querer hacerlo.

Pero me diréis: «No queremos, porque querer supone un esfuerzo tan enorme que no podemos». Y yo os daré la razón, pero… ¿qué pasaría si en vez de esforzarnos, que se nos hace tan cuesta arriba, dejamos hacer a la vida? Simplemente, no ponemos resistencia a su impulso, permitimos que sus pequeñas invitaciones nos lleguen, dejamos que sus sonrisas nos conmuevan una vez más, que sus brisas refrescantes hagan más llevaderos los momentos de sol arrasadores.

No busquemos aquello que hemos perdido pero que llevamos instalado en nuestro corazón. Lo tenemos para siempre, en lo más profundo, donde todo es realmente auténtico.

Dejemos que el aliento que da vida vuelva a suspirar: suspirar con los buenos momentos, por muy cortos que sean, suspirar con esos sentimientos que están dentro y que buscan rebrotar, aunque solo duren ese suspiro, la felicidad, la armonía, el gusto de hacer algo que nos empieza a llenar; el placer del pequeño disfrute con la lluvia, que aleja la sequía una vez más.

Y así, poco a poco, hasta que tengamos un pequeño montón de instantes que puedan ser el comienzo de un mundo nuevo, poblado de sensaciones y sentimientos nuevos, vividos desde una perspectiva nueva, que lentamente irá ampliándose, para incluir cada vez más, más cosas en nuestro nuevo proyecto de vida[18].

Metafóricamente, se puede decir que, en este vaivén de sentimientos y preguntas, en medio del dolor por la pérdida de un ser querido, puede describirse con el proceso lento de las ruedas de un tanque —la cadena con la que caminan—, que para que una parte pueda avanzar la otra tiene que retroceder. Así también la mente necesita descargar de vez en cuando, manifestar su dolor, quejarse, liberarse, lanzar preguntas al vacío, a la vez que, por otro lado, se va avanzando en la integración de la pérdida.

Lo más duro podríamos decir que es la desesperanza, el sentir que no se tiene nada ni nadie por quien vivir. En este estado mental, el sufrimiento se puede instalar dentro y hacerse más fuerte. Por eso es fundamental buscar un porqué, no tanto a lo que ha su-

---

[18] A. Carmelo, *Camino de héroes. Duelo y esperanza.* Barcelona, Tarannà, 2002, pp. 52-54.

cedido, cuanto a por qué seguir viviendo, aunque parezca imposible encontrarlo.

Marisa Magaña, psicóloga con experiencia de acompañamiento a personas en duelo, narra así la dureza del proceso de Julia:

> Julia llegó a pedir ayuda a nuestro Centro de Escucha unas Navidades a través de una conocida. Recuerdo que nada más verla pensé: «Esto debe de ser verdadera indefensión». Solo mirarla se encogía el corazón de cualquiera. El sufrimiento que llevaba dentro era tan violento que se podía percibir perfectamente en su expresión, como si tuviera un fuerte dolor de estómago. Su situación era estremecedora realmente: madre de dos hijos, los había perdido a los dos por una enfermedad congénita transmitida por ella misma. Concha contaba una y otra vez cómo sus hijos habían fallecido el mismo día y a la misma hora, a una distancia de ocho años. Y que el hijo pequeño, semi-inconsciente, pronunció el nombre de su hermano mayor, ya fallecido, en el mismo instante en que moría.
>
> En una de las sesiones de *counselling* de grupo, a las que acudía semanalmente, hablábamos de aquello que a cada uno le daba fuerzas para seguir luchando. Como es lógico, los demás hablaban de lo importante que era para ellos tener otros hijos de los que ocuparse, un marido, una esposa, etc. El caso de Julia era especialmente duro, porque también había perdido a su marido. No había muerto, pero, después de haberla maltratado físicamente una noche que llegó borracho a casa, y psicológicamente otras muchas, decidió separarse. Así, completamente sola, sin hijos, sin marido, sin padres ni

hermanos, sin amigos, con esa soledad profunda que solo puede concebirla quien la siente, se enfrentaba Julia a su pregunta: ¿por qué seguir? Había comentado en muchas ocasiones que cada noche, desde la muerte de su hijo, le pedía a Dios no amanecer al día siguiente, pero el amanecer llegaba y la realidad se imponía. Había que levantarse y afrontar un día más. Decía: «Por qué puedo yo querer seguir si no tengo nada». «Entonces, ¿por qué estás aquí?», le dije yo. Después de un silencio prolongado, rompió a llorar y, con voz muy fuerte dijo: «¡Porque si sigo sufriendo de esta manera voy a volverme loca!». A partir de ahí intenté utilizar su desmesurado dolor y convertirlo en mi aliado para ayudar a Julia a salir de él en la medida de lo posible: valía la pena vivir sin volverse loca.

Por quién doblan las campanas

Ningún hombre es en sí
equiparable a una isla;
todo hombre es un pedazo del continente,
una parte de tierra firme;
si el mar llevara lejos un terrón,
Europa perdería
como si fuera un promontorio.
Como si se llevara una casa solariega
de tus amigos o la tuya propia;
la muerte de cualquier hombre me disminuye,
porque soy una parte de la humanidad.
Por eso no preguntes nunca
por quién doblan las campanas;
están llorando por ti.

JOHN DONNE

4

LAS COSAS, LOS LUGARES...

La muerte de un ser querido no es solo una herida en el corazón, un hecho relevante en la vida porque afecte a lo más íntimo, a los afectos, al sentido de la vida, al amor que profesábamos a quien ha fallecido.

La muerte de una persona próxima, especialmente si convivíamos con ella, comporta una serie de cambios en la vida ordinaria del superviviente. En cuanto pasan unos días del fallecimiento, aunque muchas cosas se pueden experimentar antes, si ha habido proceso de enfermedad y deterioro progresivo, se va cayendo en la cuenta de la cantidad de roles y tareas que desarrollaba nuestro ser querido en nuestra vida. Incluso, si su vida era vivida de forma dependiente, también articulaba mucho nuestra cotidianidad; y su desaparición total reclama una reestructuración no solo afectiva y cognitiva, sino también práctica, muy práctica.

Diríamos que hay que hacer cosas muy concretas y aprender otras con ocasión de la muerte. No hacerlas supondría su negación, un retraso en el duelo o serias dificultades en la normalización del día a día.

1. Aprender a vivir sin el ser querido

Esta es una de las cuatro conocidas tareas que algunos autores proponen para afrontar saludablemente el duelo. Son conocidas estas cuatro así:
- aceptar la realidad de la pérdida,
- trabajar las emociones y el dolor de la pérdida,
- adaptarse a un medio en el que el fallecido está ausente,
- recolocar emocionalmente al fallecido y continuar viviendo[1].

Ya hemos hablado sobre algunas anteriormente y, por teórico que pueda parecer a quien ha perdido un ser querido, hay que reconocer que son tareas realmente a llevar a cabo dentro de uno mismo y con los demás.

Aprender a vivir sin el ser querido o adaptarse a un medio en el que el fallecido está ausente significa darse cuenta de las diferencias que hay entre vivir con la persona y no vivir con quien ha fallecido; contar con ella y no contar; tenerla como pareja, amigo, hijo, padre o lo que sea, y dejar de tenerla, tan concretamente, como que es real.

Para algunas personas, este aprendizaje pasa por acostumbrarse a vivir solos, con todas las implicaciones que eso tiene de hacer todas aquellas cosas que realizaba el ser querido. Si era el marido, quizá llevaba él las cosas del banco, quizá conducía, quizá se encargaba del garaje y hacía pequeñas reparaciones

---

[1] Cf. J. W. WORDEN, *El tratamiento del duelo*, o. c., pp. 27-35.

en casa, quizá… Si era la esposa –diríamos las mismas cosas de antes u otras–…, si era el hijo…, y así cada persona sabe lo que significa en la práctica que el ser querido no esté y no realice esas tareas. Para muchas personas, el fallecimiento comporta un aprendizaje instrumental, que, además de ser una tarea, se convierte en una incomodidad, un proceso de adaptación y un motivo para hacerse más conscientes de que, en efecto, la muerte es muerte y el otro ya no está para nada, aunque viva en el corazón.

Desde que te fuiste de mi lado, querida Julia, allí donde estés, sabes que me he tenido que dedicar a las tareas del hogar. Al principio no podía hacer un huevo frito sin que se rompiera, ni sabía planchar y me daba vergüenza tender la ropa: lo hacía a las cuatro de la mañana para que no me vieran los vecinos… ¡Qué estúpido! Las vecinas me decían que tenía que tender las camisas por el bajo y yo hacía como si no fuera conmigo. Estoy obligado a aprender tantas cosas que me doy cuenta de que tu muerte ha sido la muerte no solo de mi mujer, de mi compañera, de mi amiga, de mi confidente, de la madre de mis hijos, de mi pareja sexual… y tantas otras cosas, sino también la muerte del ama de esta casa. Y me está costando aprender a serlo, aunque, ya ves, desde allí donde estés, que me las voy apañando.

Esta múltiple pérdida en lo funcional que se da cita con la pérdida de la persona amada se va haciendo consciente de manera progresiva. La que cuidaba el jardín, la que iba a la escuela cuando había que hablar con el tutor, la que recogía a los niños, la que calentaba la cama, la que daba alegría y conversación en las comidas o encuentros familiares, la que… Son muchas cosas las que desempañaba la persona que se fue.

Uno de los sentimientos que pueden invadir a los supervivientes es el de inutilidad por todas aquellas cosas que el otro hacía y uno no sabe hacer o no se ha adiestrado en ello. Los intentos por cumplir con las tareas o roles del fallecido, además, pueden no tener éxito o presentar dificultades concretas, lo cual puede traducirse también en un impacto en la autoestima.

En este conjunto de pérdidas puede darse cita también la pérdida del horizonte de la vida, del sentido, del timón. Pudiera estar basado el sentido de la propia vida en cuestiones muy relacionadas con el significado de la persona fallecida. Reconstruir la propia vida comporta acostumbrarse a caminar sin esa persona, dando nuevos sentidos a la propia existencia, aprendiendo algunas habilidades; pero aceptando que no todos los roles de la persona querida han de ser asumidos. En realidad, uno no se debe ni puede duplicarse, sino reconfigurar su caminar, modificar el mundo vital, reorganizarse de un modo nuevo; porque dedicar energía a algo nuevo supone, casi siempre, restársela a otras cosas que se hacían antes, y porque no se pueden realizar muchos cambios de manera radical y repentina.

Ya no tendré a nadie con quien compartir las decisiones; ya no sabré qué hacer cuando antes hablábamos y pensábamos que era lo mejor para nuestros hijos y en relación con nuestros parientes; ya no tendré quien planifique las salidas de los fines de semana; ya no tendré quien haga tantas cosas que hacías tú y que me estoy dando cuenta ahora. No puedo con todo. Me siento abandonada por ti, como si me hubieras dejado en la soledad, no solo por no tenerte a mi lado, sino en la soledad del reparto de tantas cosas que comporta vivir y salir adelante cada día. Me ayudan mis vecinos; pregunto a mis amigos sobre algunas cosas; pero nada es igual. Me doy cuenta de que tengo que cambiar más cosas de las que pensaba. Aprenderé a hacer maravillas interpretando los recibos de la luz y del gas y los estadillos del banco que yo nunca miré, pero no puedo sola. Tengo que aprender a vivir sin ti, tengo que aprender a hacer cosas que no hacías tú y tengo que aprender, en el fondo, a renunciar a cosas que solo eran posibles porque éramos dos, y porque estábamos juntos.

En el tiempo en que el vacío se empieza a hacer denso, algunas personas acuden a los animales domésticos, si los tenían como foco de atención; y si no los tenían, hay quien adquiere un perro, por ejemplo. A veces juegan un papel fundamental, enganchan a la vida, permiten expresar cariño, hablar de cosas que probablemente no se hablarían con nadie, recuerdan al fallecido y permiten ponerse triste, incluso desahogar la rabia… Con ellos podemos comportarnos dándoles cuatro gritos, y poco después… tan amigos. Al acariciarles se tiene el calor del contacto físico, y con el paseo –por ejemplo si es un perro– la sociali-

zación se hace más fácil y resulta casi «obligada»...
En último caso, siempre supone un tema de conversación al que recurrir cuando se quieren eludir otras cuestiones. Aquellos a quienes les gustan los animales pueden ser un modo de adaptarse al medio emocional en que el ser querido no está.

La diferente evolución de las estrategias de afrontamiento de las personas ante la dura realidad de la muerte de un ser querido dependen, entre otras cosas, de la importancia de la valoración que haga cada individuo de las amenazas y privaciones que le supongan la pérdida y de los recursos –propios, ambientales y de apoyo psicosocial– que posea para afrontarla[2]. En todo caso, la evolución será siempre personal.

No faltan personas que encuentran dificultad para la aceptación de la muerte del ser querido y de su carácter irreversible, debido a las posibilidades que ofrece el mundo digital. Cada vez más, los dolientes pueden tener acceso al rastro digital del fallecido o a servicios de «relación con él», es decir, con constructos de la inteligencia artificial. Sin duda, muchas de estas posibilidades, aparentemente atractivas en el duelo, pueden dificultar la aceptación de la muerte[3].

2. Sus cosas, los lugares...

Una de las tareas que hay que hacer en el duelo es transformar el lugar que el fallecido ocupaba en la

---

[2] Cf. R. Bayés, Psicología del sufrimiento y de la muerte. Barcelona, Martínez Roca, 2001, p. 190.

[3] Cf. J. C. Bermejo, Duelo digital y coronavirus, o. c.

casa, hacer algo con su ropa, con su ordenador, con su teléfono móvil, con su coche, con su…

El rastro digital constituye una nueva tarea que gestionar. Si no hay testamento digital, puede ser mucho y muy laborioso lo que se contiene en el mundo digital de la persona fallecida. Son como «lugares digitales», en ocasiones difíciles de identificar o imposibles.

Es una tarea dolorosa. Enfrentarse a ella tiene un gran poder simbólico y contribuye a la aceptación de la muerte. Y también en torno a estas tareas el doliente puede sentirse especialmente incómodo. Puede suceder que retirar su ropa, regalarla o tirarla sea vivido como un agravio al ser querido fallecido. Sin embargo, no hacerlo no es saludable. Su ropa no sirve, a no ser que otras personas la utilicen con naturalidad, es decir, sin obsesionarse por utilizarla, sino por darle un uso o por un natural sentido simbólico. No es bueno realizar este trabajo precipitadamente, pero tampoco es bueno dejarlo mucho tiempo. Conservar su habitación intacta, por ejemplo, puede ser un indicador de duelo complicado, en el que se niega la aceptación y se vive la culpa al asociar la idea de quitar sus cosas con una especie de sensación de «matarle» en el corazón, o manifestar ante sí mismo, ante el difunto y ante los demás, una especie de «indiferencia» por su muerte. Es obvio que este trabajo hay que hacerlo. Sus cosas hay que repartirlas, tirarlas, colocarlas en algún sitio significativo, en cantidad apropiada al valor simbólico que puedan tener.

Cuando una persona experimenta especial dificultad para hacer este trabajo, puede ser oportuno que pida ayuda a alguien conocido. Realizar esta tarea en presencia de otra persona puede comportar la ventaja de ir haciendo comentarios sobre los significados que las cosas tenían, así como expresar sentimientos que produce la pérdida.

Otra posibilidad es pedir a otra persona que realice este trabajo, siempre que no sea una negación rotunda a la muerte del ser querido. Pero enfrentarse con cada una de las cosas puede ser tan desgarrador que un ser querido menos próximo puede realizar este trabajo con más «libertad emocional». No parece saludable alargar mucho en el tiempo la realización de estas tareas, convirtiendo la habitación del difunto en una especie de «museo» en su honor. Conservarlo intacto, en el fondo, no es más que un indicador de las serias dificultades —comprensibles, ¡cómo no!— para la aceptación de la muerte. Antes o después —y no alargándolo mucho, insisto— conviene afrontar esta realidad.

Entre las cosas del difunto están las fotografías. Es posible que no todas tenga sentido conservarlas, puesto que algunas eran relevantes solo para la persona fallecida, puesto que a ella le evocaban una excursión, un momento importante con sus amigos, etc. Sin embargo, repasar las fotos, preferiblemente en compañía de otros seres queridos, puede ser un modo de cultivar sanamente el recuerdo; no solo para insistir y verbalizar el hecho de que ya no está, sino para subrayar a la vez los aspectos positivos de su vida, sus experiencias agradables, los momentos hermosos compartidos. En este ejercicio de repaso de las fotografías, una persona puede sonreír saludablemente recordando viejos momentos con sabor agradable. Hoy, las fotografías, en su mayoría, son digitales, y no resulta fácilmente controlable su gestión. Por otro lado, está el mundo de los vídeos relativos a la fase final o a los ritos fúnebres del fallecido, lo cual constituye una cuestión ética de mayor envergadura[4].

No es menos fácil, en algunas ocasiones, la gestión de los lugares. Entre ellos, su habitación, su sillón preferido, el lugar de escuchar música o de entrar en Internet… También estos espacios hay que redimensionarlos. Conservar todo intacto puede ser un modo de no resolver el desapego necesario. Cambiarlo todo radicalmente puede ser un modo de querer «huir hacia adelante»[5] poco sanamente. Quien no quiera cambiar nada quizá se esté parando en la idealización del ser querido, propia de una fase del duelo —era el mejor, era muy bueno…— o en la culpa propia que se pretendería exorcizar con el tributo de respetar todo lo suyo. Cambiarlo todo puede suponer un mal trabajo del duelo, a no ser que las circunstancias de la muerte puedan aconsejarlo. Hay personas, en efecto, que, por haberse encontrado a su hijo colgado en la barandilla de la escalera de casa, por ejemplo, deciden cambiar de casa, y es comprensible.

Al día siguiente de que mi hijo Mario se suicidara tirándose por la ventana de nuestra casa, empeza-

[4] Cf. J. C. BERMEJO, *Las 7 tareas espirituales del duelo.* Bilbao, Desclée de Brouwer, 2021, p. 155.
[5] Cf. J. W. JAMES / R. FRIEDMAN, *Manual para superar pérdidas emocionales.* Madrid, Los libros del Comienzo, 2001.

mos a entrar en su habitación; al principio fue duro, pues yo tenía en la mente la escena de la última vez que le vi, tumbado boca abajo en su cama y diciéndome: «Mamá, vete a la cama tranquila, que estoy bien, déjame solo, que me estáis agobiando»; y ya no volví a verle con vida. Me venía constantemente esa imagen a la cabeza y me daba mucha pena. Según iban pasando los días y continuábamos entrando, se fue haciendo más llevadero, y ahora entramos diariamente. Yo me siento a escribir en su habitación, a veces veo la tele, me echo la siesta en su cama, y mi marido Juan y mi hija Caty, lo mismo; eso no quiere decir que no haya días en que te emocionas con algunas cosas. Hoy por la mañana, por ejemplo, Juan ha entrado antes de ir a trabajar, ha abierto uno de sus cajones y ha visto las cartas con las que jugaban al mus casi todos los días cuando estaba enfermo, y se ha puesto mal, ha estado llorando; pero, en general, no nos ocasiona ningún trauma entrar; yo creo que es muy importante entrar desde el primer día, pues, si no, luego cuesta más.

Tenemos todas sus fotos en la habitación y también las hemos visto desde el primer día. Las vemos sin ningún problema; sin embargo, los vídeos que tenemos desde que eran pequeños no los vimos al principio y yo no puedo verlos. Lo veo en movimiento, con tanta vida, y no lo puedo soportar. Sin embargo, a Juan y a Caty les gusta verlo, dicen que lo ven tal como era. Respecto a la ropa, sigue como él la dejó; y, como no necesitamos su habitación, creo que seguirá así durante mucho tiempo. La ropa, su olor, eso me da más tristeza; cuando he ido de vacaciones, en Semana Santa y verano, he llevado dos camisetas suyas (que las tengo sin lavar, huelen a él; una es la que tenía puesta el último día en casa); eso me lo recomendaron en la asociación a la que vamos donde hay otras personas en la misma situación que nosotros. Las olía continuamente en Semana Santa, y, de vez en cuando, en verano; me hacía bien. Las llevo en una bolsa aparte en el coche, y durante el viaje a Murcia –que fue el más largo y el primero que hicimos sin él– lo sentía conmigo. La verdad es que también me pregunto si esto está bien, porque algún día lo tendré que dejar de hacer, y quizá eso que me han dicho en la asociación sea un poco raro. Creo que tengo que dar algún que otro paso para afrontar esto y no quedarme parada en esta situación tan dolorosa.

En efecto, la misma persona que nos cuenta cómo vive la relación con la habitación y con la ropa se da cuenta de que hay algo más que hacer que conservarla y dejar intacta la habitación, como un museo. No creo que conservar de ese modo la ropa y hacer ese uso sea saludable para afrontar el terrible dolor de la pérdida.

La experiencia de sentir al ser querido como presente en sus lugares más habituales –«parece que le veo sentado en su sillón», «entro en la habitación y siento que él viene detrás de mí»– son experiencias alucinatorias que forman parte de la normalidad, en las fases más próximas al duelo. Incluso estar convencido de que «se lo oye». Con el tiempo, si el duelo no se complica o se hace patológico, estas sensaciones van desapareciendo. Si produjeran miedo, es bueno que alguien haga compañía; por ejemplo, dormir solo o sola los días siguientes al fallecimiento en la casa puede no resultar posible, por lo que pedir ayuda y dejarse ayudar no ha de ser vergonzoso. Algunas personas creen, durante mucho tiempo, que se van a encontrar con el ser querido en la habitación donde estuvo, allí muerto, o en el féretro –si estuvo en casa–, y pueden experimentar miedo. Sin embargo, lo más saludable es el afrontamiento de estos espacios –con ayuda, si es necesario– para tomar conciencia de que, en efecto, son miedos irracionales que van desapareciendo, haciendo una vida normalizada en cuanto al uso de tales espacios.

A veces, al ir por el pasillo de casa, siento que voy a encontrarme con él, como si estuviera allí, como si estuviera vivo, como si nada hubiera ocurrido y me lo fuera a encontrar en su habitación, normalmente, haciendo sus cosas. Y me da un poco de aprensión. Otras veces creo que se me va a acercar por detrás para darme una sorpresa y tengo miedo. Sé que no tiene sentido. A veces me digo a mí misma que soy tonta, que qué miedosa soy. Incluso, por ridículo que parezca, me gusta que haya más luz de lo habitual. Los primeros días no podía apagar todas las luces de la casa para dormir. Luego me he ido acostumbrando. Sí, tenía miedo a la oscuridad. Es así de ridículo, pero así de real. También me costó acostumbrarme a que no estuviera en la cama. Yo me solía ir a la cama antes que él y, muchas veces, cuando me iba a acostar, creía que vendría, aunque ya había muerto, pero como si no fuera así, como si todo fuera mentira, como si todo hubiera sido un sueño. ¡Qué difícil es aceptar que nuestros seres queridos, cuando fallecen, fallecen de verdad y para siempre, y nunca más los vemos! Cuesta tiempo adaptarse a esta situación. Los miedos son irracionales; por eso hay que estar atentos a no dar más importancia de lo normal ni pensar que una se está volviendo loca. Algunas personas me han ayudado muy bien a comprender esto.

Puede ser que haya lugares concretos que estén cargados de contenido simbólico, porque evocan un tipo agradable de relación, como, por ejemplo, la playa por la que se paseaba, el parque que frecuentaban juntos, la calle en la que se miraban los escaparates o el bar donde se socializaba. Hay personas que desean ir a estos sitios como para ver si se experimentan las mismas sensaciones o para intentar evocar los recuerdos con cariño. Y hay personas también que desean lo contrario: no volver nunca más allí. Parece más propio no caer en ningún extremo. Negarse, por ejemplo, a entrar en algún lugar o pasar por él, porque evoca el recuerdo, sería una actitud de defensa de algo que es real: la muerte y el recuerdo producen sentimientos. Empeñarse en frecuentar demasiado asiduamente aquellos lugares puede constituir un modo de no aceptar la realidad de la pérdida. Verbalizar esto con algunas personas en las que se confíe puede servir para encontrar el equilibrio.

En el fondo, la gestión de todos los enseres y lugares relacionados con la persona fallecida son una oportunidad para vivir saludablemente la tensión entre vínculo y separación. Con estas dos categorías explican algunos autores el duelo[6]. Separación y vinculación son los dos raíles por donde discurre el devenir de cada persona en sus relaciones. Ser capaces de mantener un adecuado equilibrio entre estas dos experiencias es una clave de felicidad, también en medio del gran dolor que suponen algunas separaciones.

Las abundantes grabaciones que actualmente estamos dejando tras la muerte constituyen un nuevo desafío para el doliente, el cual tiene fácil acceso a ver al ser querido en vida, con sus características físicas que incluyen su voz, sus intereses… Digamos que «los lugares» ahora están grabados, y el desafío es también ético, es decir, hacer uso de ello en la medida en que el doliente –quizá asesorado en algunos momentos– experimenta que le sirve de ayuda para integrar el sufrimiento y realizar el trabajo del duelo, aprendiendo a vivir de una manera nueva.

3. El cementerio

El cementerio es un lugar en el que los seres humanos mostramos respeto hacia los seres queridos, según la tradición. La civilización, la evolución humana, fue creando lugares a la vez que se desarrollaba. Como si de alguna manera tuviese que mostrar el grado de humanidad, respetando también el lugar donde se dejan los restos sin vida. Hoy la facilidad de

---

[6] Cf. J. BOWLBY, *Vínculos afectivos: formación, desarrollo y pérdida*. Madrid, Morata, 31999.

la cremación, su desvinculación de sentimientos religiosos, con los que en otros tiempos se asociaba –cremación se leía como sinónimo de no creencia en la resurrección, por extraño que hoy nos parezca–, permite también que algunos deseen ser llevados después de muertos, o llevar a los seres queridos, a lugares simbólicos, como un parque o el mar, para esparcir allí sus cenizas como signo, normalmente, de comunión con la naturaleza y de libertad.

Quienes utilizan el cementerio tradicional, y más fácilmente en el ámbito rural que en el urbano, puede que deseen frecuentarlo. Lejos de ser algo contraindicado, ir al cementerio puede constituir un modo de vehicular, de concretar externamente lo que se está viviendo internamente. Lo mismo que ver el cadáver, especialmente cuando la muerte se ha producido de manera imprevista, ayuda a la familia[7], e ir al cementerio puede ayudar a hacer las paces con la realidad.

La tradición de visitar el cementerio durante un tiempo con una cierta frecuencia –al principio puede ser incluso todos los días– es muy antigua. En la tradición judía y en la cristiana –heredada, sin duda, de la judía–, visitar el cementerio va asociado con la consigna de dedicar meditaciones y reflexiones a la persona fallecida y a la propia vida. Asimismo, las indicaciones judías proponen que el doliente pronuncie algunas oraciones en su memoria, y concretando que las oraciones deben ser dirigidas a Dios y no al fallecido.

---

[7] Cf. E. KÜBLER-ROSS, *Preguntas y respuestas a la muerte de un ser querido*. Barcelona, Martínez Roca, 1998, p. 103.

Hoy, ir al cementerio y visitar la tumba de un ser querido puede constituir un signo de cariño hacia la persona fallecida y una forma de materializar la pérdida. Las flores también simbolizan este afecto, esta necesidad de dar algo bello al ser querido, de poner forma al deseo de belleza en lo que ya no es, a pesar de la exageración y los posibles problemas asociados, entre los cuales pueden estar el «pagar culpas» con sobredosis de gasto o exageración en flores, perdiendo el valor simbólico y saludable, así como el excesivo gasto. Hay que tener en cuenta que, en realidad, el mejor «regalo» que podemos hacer a un ser querido fallecido, si así se puede hablar, es vivir en paz y seguir viviendo con progresiva serenidad.

Ir al cementerio moderadamente facilita generalmente el proceso de catarsis. Permite llorar con libertad, desahogar abiertamente todos los sentimientos, aceptar la realidad para que se vaya produciendo el desapego a la presencia física y la aceptación de la novedad: la presencia en el corazón. En general, este comportamiento ayuda a elaborar sanamente la pena y la angustia de la separación[8], por lo que ha de ser respetado y apoyado por aquellas personas que deseen ser acompañadas en los primeros días, por ejemplo.

> Al principio íbamos todos los días y yo pedía a alguien que nos acompañara; luego comenzamos a ir una vez a la semana; pero al cabo de dos meses aproximadamente pusieron su nombre en la lápida.

---

[8] Cf. A. DONNINI / M. BAUTISTA, *En la muerte de un ser querido.* Buenos Aires, San Pablo, 1995, p. 30.

Ese día fue muy triste y mi hija se puso fatal, y ya no volvió a entrar; me lleva a mí, pero se queda en los alrededores, viendo los montes que Julio subió hace dos años. Iba todos los domingos, pues se entrenaba para jugar bien al fútbol. A mí los cementerios nunca me han impresionado, pues pienso que allí solo está su cuerpo.

El día de Todos los Santos fuimos los tres, y mi hija entró después de varios meses. Lo pasó mal; no hacía más que llorar. Yo le dije que Julio ya no está allí; solo está físicamente; él está feliz en el cielo, subiendo a los montes de alrededor y en todos los lugares, junto a nosotros, ayudándonos a sobrellevar su pérdida, además de tenerlo continuamente en nuestro corazón. Reconozco que esto es un acto de fe; pero yo, gracias a Dios, la tengo. Hemos vuelto otro día las dos, y mi hija ha estado mejor. Yo, cuando voy, hablo con él; al principio le echaba la bronca por haberse muerto y haberme dejado sola con mi hija; ahora mi actitud ha cambiado y le hablo con naturalidad.

Si la persona conserva la costumbre de ir todos los días durante un tiempo exagerado —años, por ejemplo—, cabe preguntarse de qué realidad interior es manifestación externa esta conducta que llama la atención claramente, aunque quien la realice se empeñe en decir que para ella es normal.

Rabia ante la muerte, a la vez que aceptación realista de ella, respira el siguiente poema. En el fondo, la muerte de un ser querido nos ayuda también a tomar conciencia de que estamos de paso y la vida seguirá sin nosotros. Esta conciencia nos puede hacer bien: somos parte de la naturaleza que continúa en su normalidad sin que nosotros estemos presentes en cada amanecer, semejante al que se nos regala cada día y al que podemos sacarle su sabor.

La incineración es una práctica en aumento. Mientras que no parece presentar ninguna resistencia desde el punto de vista religioso, cabe preguntarse si todas las posibilidades ayudan de igual manera a realizar el trabajo del duelo. Mantener las cenizas en casa, distribuirlas abiertamente, repartirlas entre varios lugares, transformar los restos en compost para una planta que se recibe un año después en una maceta, pueden ser prácticas que pudieran dar lugar a nuevas dificultades vinculares[9].

Asimismo, ha crecido la sensibilidad en cuanto al tratamiento de los no nacidos o nacidos muertos. Las leyes y la tendencia humanizadora en este aspecto están llevando a mejorar su gestión, de manera que ayude mejor al duelo de los padres[10].

Melancolía del desaparecer

Y pensar que después que yo muera
aún surgirán mañanas luminosas
que, bajo un cielo la primavera,
indiferente a mi mansión postrera,
encarnará en la seda de las rosas.

---

[9] Cf. J. C. Bermejo, *Las 7 tareas espirituales del duelo*, o. c.

[10] Cf. L. Gómez-Albo, *Sin latido. Entender y acompañar el duelo gestacional*. Madrid, San Pablo, 2020.

Y pensar que desnuda, azul, lasciva,
sobre mis huesos danzará la vida;
y que habrá nuevos cielos de escarlata
bañados por la luz del sol poniente,
y noches llenas de esa luz de plata
que inundaban mi vieja serenata
cuando aún cantaba Dios bajo mi frente.

Y pensar que no puedo, en mi egoísmo,
llevarme al sol ni al cielo en mi mortaja;
que he de marchar yo solo hacia el abismo
y que la luna brillará lo mismo,
y ya no la veré desde mi caja.

Agustín de Foxá

4

EL MÁS ALLÁ

La muerte de un ser querido nos hace plantearnos preguntas también sobre el más allá. ¡Cuántas tareas relacionadas con el duelo! ¡Como si no bastaran todos los desarreglos que se producen en la vida concreta, práctica, y en el corazón, que también se producen en la mente, en las creencias, y... nos dan trabajo! Sí, de alguna manera, la muerte nos plantea la pregunta y buscamos algún tipo de respuesta. Muchas personas lo hacen secretamente, porque hoy, cada vez más, parece vergonzoso en muchos contextos hablar abiertamente de creencias y de las cuestiones más trascendentes de nuestra vida, como puede ser la creencia en el más allá, en la resurrección o, sencillamente, la pregunta ¿qué nos cabe esperar?, ¿qué ocurre cuando nos morimos?

Varios estudios sugieren que el cultivo de la dimensión espiritual y el ejercicio de actividades espirituales influye a través de emociones positivas, como la esperanza, el perdón, la autoestima y el amor, que son mecanismos de acción psico-neuro-inmunológico saludables[1].

---

[1] Cf. J. C. Bermejo, *Espiritualidad y salud. Diagnóstico y cuidado espiritual.* Santander, Sal Terrae, 2021.

1. Me cuesta creer en algo

No, no es fácil creer en el más allá, en la resurrección. No lo es cuando la muerte se impone con su ley incontestable, cuando se vive el dolor por la pérdida de un ser querido. De manera intensa experimentamos confusión, aturdimiento, sinsentido, vacío, soledad, irracionalidad, desgarro. Se nos rompe el corazón y muy difícilmente somos capaces de tender hilos entre la razón y el sentimiento.

Una mujer, tras el suicidio de su marido y sus dos hijos con gas, se expresa así al inicio de su proceso que le llevará por otros derroteros y a decir que su mayor descubrimiento y regalo ha sido su apertura espiritual, con el tiempo:

> De vuelta a casa, paso horas en la más completa oscuridad. Nadie puede ayudarme a tomar mi decisión y estoy sola, más que nunca. Entonces, por vez primera después del duelo, intento considerar cómo hacer frente a esta existencia que en lo sucesivo estará vacía de sentido. Hojeo el Nuevo Testamento que me dejaron mis amigas y no encuentro en él más que estupideces. Esas palabras no despiertan nada en mí, sino las ganas de sublevarme. No creo en Dios. Si existiera, no permitiría la muerte de dos inocentes. ¿Cómo puede la Biblia afirmar que esto es justo? ¿Dónde está, pues, ese reino de los cielos utópico? ¿Quién puede creer ese camelo? Para mí, la muerte significa la nada, y la vida me parece absurda y cruel.

¡Para qué amar, crecer, sufrir, trabajar, esperar, si el final del viaje es la «¡nada, el vacío total!»[2].

La evidencia de que la muerte es muerte es demasiado evidente: la persona entera no está, su cuerpo se ha quedado frío o ha desaparecido, es depositado en el cementerio, allá abajo, o allá dentro, o incinerado. Está muerto; está claro que está muerto del todo.

Ante la angustia producida por la muerte y el deseo de que no sea efectivamente cierta, nuestra mente puede caminar por senderos poco saludables. Experiencias de espiritismo, por ejemplo, pueden hacer daño al equilibrio psíquico de la persona. Adherirse de manera intensa a un grupo religioso del que no se tenía noticia o formación previa a la pérdida puede ser un modo de tapar la angustia con una conducta de negación, o de dejarse manipular, o entregarse a cualquier cosa que dé respuestas en un momento de mucha fragilidad. Por eso no es aconsejable hacerse militante de un grupo desconocido en medio de tanta fragilidad, sobre todo si comporta exigencias y compromisos que afectan a cuestiones tangibles, como el dinero, normas muy concretas y férreas, obligaciones que no sean experimentadas, como liberación interior, razonable y fácilmente condivisible con cualquiera.

En medio del duelo es posible también que se escuchen o se desee hablar de las experiencias de muertos; es decir, de las experiencias de comunicación con

[2] M. Deva Goll, *Hacerse con el perdón*. Barcelona, Luciérnaga, 1996, p. 21.

el más allá o de muertos que han venido o que vienen y se aparecen. En realidad, si es cierto que la persona puede tener experiencias alucinatorias y que en cierta dosis son normales, la persona fallecida, por definición, si está muerta, está muerta y no puede ni venir ni aparecerse. Así también, la comunicación con los difuntos no es posible. Es posible que el vivo experimente el deseo de verbalizar o de poner en palabras –o escribir– mensajes dirigidos a la persona fallecida; y es posible que esto sirva de ayuda. Pero hay que aceptar que no podemos controlar lo incontrolable y que «del otro lado», «del más allá», «de la otra vida», o como queramos expresarnos, no podemos tener ni certeza ni información; y, por tanto, no podemos domesticar el objeto de la esperanza y acomodarlo a categorías del más acá.

Puede que otras ideas sobre el infierno, el purgatorio, la expiación, etc., puedan constituir fuente de sufrimiento para la persona en duelo. En realidad, son intentos de poner palabras a lo desconocido, además de conclusiones de razonamientos muy elaborados, hechos desde un momento histórico concreto y desde una fe concreta. La tendencia a pensar que alguien tiene que expiar o pagar algo en el más allá es más atribuible a un modo de pensar humano que a un Dios tal y como nos lo presenta en el cristianismo la persona de Jesús[3].

Llevamos muy dentro de nosotros, como grabada o tatuada, la necesidad de creer en algo más y la nece-

---

[3] Cf. H. Vorgrimler, *El cristiano ante la muerte*. Barcelona, Herder, 1981, p. 77.

sidad de seguir en contacto con nuestros seres queridos fallecidos. Así somos. Esta es nuestra condición natural. Y, sin embargo, la experiencia se nos impone: la persona ya no está, la deseamos, queremos mantener relación con ella, pero no está. ¿Y dónde está?[4] El amor nos dice que no puede reducirse a sus restos, porque la experimentamos presente y muy intensamente en nuestro corazón. Por eso parece saludable buscarla allí, en nuestro interior; buscarla por el camino del amor, construir con el lenguaje trascendente del amor un lugar para ella, a nuestra medida y a la suya. Y será, sin duda, un modo de pensar «en un lugar» donde nos espera, donde es feliz, donde no sufre; un lugar que le ha sido regalado, un lugar del que poco se puede razonar, un lugar que, en realidad, aceptamos que no es «lugar» en el sentido material, pero que lo afirma el corazón.

Vale la pena, pues, en medio de tanta dificultad, apostar por un dolor vivido en clave de esperanza. Diríamos también que es bueno creer, es saludable creer, hace bien al espíritu creer, le hace bien a la persona confiar en el reencuentro con los seres queridos. Este anhelo es tan fuerte que son muchos los enfermos terminales que dan muestra de desearlo; y aun en medio de estados de confusión, además de en estados de lucidez, expresan de diferentes maneras su proximidad a los seres queridos que ya no están, a los que murieron anteriormente.

---

[4] Cf. A. Carmelo, *Camino de héroes*, o. c., p. 92.

Me consuela recordar lo que vivió mi padre cuando estaba próxima su agonía y cuando estaba agónico en realidad. No hacía más que decir que él ya se iba con su madre, que la estaba viendo. Lo decía a veces cuando nosotros no sabíamos bien hasta qué punto era consciente y dueño de lo que decía. Pero en el fondo me consuela. Es como si nos estuviese diciendo que el reencuentro es cierto, que el reencuentro se saborea antes de que se produzca, que el más allá se experimenta cercano al final de la vida. Confieso que es un misterio. Confieso que no entiendo nada, pero el recuerdo de cómo murió mi padre y de esa insistencia en que estaba a punto de encontrarse con su madre –¡hacía mucho que había fallecido ya!– me consuela, y creo que es justo que acepte esto como un regalo para mí, como una fuente de esperanza en mi dolor.

2. Qué significa creer en la resurrección

La fe en la resurrección es un regalo para el creyente. Y es razonable creer. Feuerbach, Freud y otras personas de la cultura secularizada que nos envuelve pueden invitarnos a pensar que «Dios y la vida eterna son tan solo proyección, ficción, ilusión, expresión de un deseo». Hans Küng dice:

> Respondo que también son, naturalmente, expresión de un deseo. ¿Qué instancia me puede prohibir el deseo de que con la muerte no se acabe todo? […] La persona es innegablemente un ser de deseos, un ser finito con infinitos anhelos, que en-

cuentra y vuelve a buscar, conoce y de nuevo duda, goza, e incluso en el mismo gozo sigue insatisfecho. ¡Todo gozo quiere eternidad, quiere profunda, profunda eternidad! (Nietzsche). ¿Y dónde, dónde encuentra profunda, profunda eternidad?»[5].

Los cristianos, en medio del misterio, apostamos por creer en la resurrección; apostamos por una continuidad en la discontinuidad. Si escuchamos allá en el corazón, en alguno de los últimos rincones, no podemos más que reconocer que la muerte no puede tener la última palabra. La experiencia del amor es más fuerte que la de la muerte. Y esperar en la resurrección no es más que abandonarse al reconocimiento —no a la demostración— de que el amor reclama eternidad y de que, de alguna manera no explicable con categorías meramente humanas, nuestra vida, al terminar, será transformada y plenificada.

Pensar la resurrección no puede consistir en lanzar a un futuro un modo de vida como la de ahora, pero en otro lugar. No. Creer en la resurrección es apostar y comprometerse porque la vida y el amor digan siempre una palabra más fuerte que el sufrimiento y la muerte, también en el proceso del morir.

Más allá del aquí y ahora de nuestra vida en la tierra, más allá de la muerte, el tiempo y el espacio no existen. Resucitar, por tanto, no puede ser ir a otro lugar a vivir felices, en el sentido literal. Este modo

[5]   H. KÜNG / W. JENS, *Morir con dignidad. Un alegato a favor de la responsabilidad.* Madrid, Trotta, 1997, p. 23.

de expresarnos nos ayuda a decir lo que creemos, como otros muchos, como hablar del cielo, del paraíso… Resucitar, desde nuestra fe cristiana, es dejarse *levantar* por Dios cuando nosotros nos sentimos caídos y abatidos, doloridos y muertos. Resucitar es dejar que *Dios diga y haga y sea en nosotros todo y para siempre.*

Entender así la resurrección es también un compromiso comunitario de fe, de trabajo por el amor y la justicia, porque Dios y su Palabra, presentada especialmente en la persona de Jesús de Nazaret, constituyan buena noticia de amor *para toda la humanidad.*

Creer en el más allá es vivir en dinámica de esperanza. La esperanza es un dinamismo vital que nos mueve en el presente, lo cualifica y le da sentido y sabor. Pascal, aludiendo a los que no saben apreciar el valor del presente, decía: «No vivimos nunca, pero esperamos vivir y, disponiéndonos siempre a ser felices, es imposible que no lo seamos nunca». Esperar no nos proyecta solo hacia el futuro, por tanto, sino que nos hace estar en sana tensión en el presente[6].

Parafraseando el imperativo categórico de Kant, Pedro Laín Entralgo ha escrito: «Vive y actúa como si de tu esfuerzo dependiese que se realice lo que esperas o desearías esperar». La esperanza hace que el presente sea vivido en tensión y que se anticipe el sabor de lo esperado, pero sin agotarlo.

La esperanza tiene que ver con la confianza, no con el optimismo superficial o con la certeza absoluta. Más

---

[6] Cf. J. C. Bermejo, *Las 7 tareas espirituales del duelo*, o. c.

bien es hermana de la inseguridad y del miedo, pero conviviendo con el coraje, la paciencia, la entereza y la constancia. Esperar es aguardar con paciencia; no con resignación pasiva, sino con la confianza que mueve hacia lo deseado. Y en la muerte de un ser querido la confianza tiene nombre de deseo –base antropológica de la esperanza– de que no todo quede allá abajo, allí dentro, en la nada, en el vacío.

Nadie es la esperanza, pero todos podemos ser el eco de la esperanza. Una vida comprometida en la esperanza y su valor terapéutico tendrá sabor a amor y valdrá la pena ser vivida, aunque sea en medio de la adversidad y el sufrimiento[7].

Seguramente es conocido este sencillo texto que nos invita a la confianza, como ingrediente de la esperanza:

> Esta noche tuve un sueño. Soñé que caminaba por la playa en compañía del Señor. En la pantalla de la noche se proyectaban todos los días de mi vida.
>
> Miré hacia atrás y vi que, por cada día de mi vida proyectada en el filme, aparecían huellas sobre la arena: un par de huellas mías y otro par del Señor. Seguí caminando adelante, hasta que todos mis días se agotaron.
>
> Me paré entonces, mirando hacia atrás, y vi que en algunos sitios había solo un par de huellas... Coincidían estos sitios con los días más aciagos de mi vida: los de mayor angustia, los de mayor miedo, los de mayor dolor.
>
> Pregunté entonces:

---

[7] Cf. J. C. Bermejo, *Duelo y espiritualidad*. Santander, Sal Terrae, 2012, p. 91.

–Señor, tú dijiste que ibas a estar conmigo todos los días de mi vida, y yo acepté vivir contigo. ¿Por qué me dejaste solo justo en los peores momentos de mi existencia?

Y el Señor me respondió:

–Hijo mío, yo te amo. Te aseguré que estaría contigo a lo largo de todo el camino, y que no te dejaría solo ni un segundo. Y lo he cumplido. Los días en que has visto un par de huellas solas sobre la arena han sido los días en los que yo te he llevado en mis brazos.

Pero ¿hay motivos para esperar? ¿No hay acaso más motivos para lamentarse y protestar y pedir cuentas, si es que Alguien escucha desde algún lugar? El símbolo universal de la esperanza es el ancla, como es sabido. Pues bien, quien no tiene dónde agarrarse, en quién confiar, en quién abandonarse en último término, no tiene esperanza, está solo, como en el infierno de Dante, a cuya entrada se lee: «Los que entráis aquí, abandonad toda esperanza».

¿Y cuál es nuestra esperanza en la muerte de un ser querido? La esperanza tiene muchos nombres[8]. Deseamos confiar, confiamos en que el mal no haya vencido, que en ningún sitio quede eternamente escrito lo que fue mal con él, que «en su corazón» y en el nuestro haya perdón, que el amor no muera, que el sinsentido no nos aplaste, que … Esperamos que haya alguna forma de victoria sobre la muerte. Pero no tenemos demostración. Por eso, la esperanza no es certeza, sino confianza, abandono, anhelo. Por eso

____

[8] Cf. J. C. BERMEJO, *Las 7 tareas espirituales del duelo*, o. c., p. 63.

la esperanza no es algo estático, sino dinámico. No queda saciada, sino que es inquieta y buscadora.

Esta forma de esperanza, para el creyente, es motivo de consuelo. La persona religiosa, en efecto, vive «como si» el mundo que desea, que espera, del que de alguna manera hace también fantasía y alimenta la ilusión, tuviera sustancia real[9].

> No puedo imaginar ni aceptar que la vida termine ahí, en la tumba. Está claro que su cuerpo está ahí y se irá deteriorando y prácticamente desaparecerá, pero yo quiero creer y me atrevo a creer que hay otra vida; y siento como si fuera mi ángel de la guarda, como si se hubiera convertido en quien me ayuda. El otro día le pregunté a mi tío, que es religioso, cómo se puede pensar en la otra vida, porque no se ve nada, y me habló del beso. Me sorprendió. Me dijo que lo mismo que del beso solo se ve y se siente el contacto de los labios y nada más, de la muerte solo se ve que el difunto está ahí y se deteriora y no vuelve. Pero que de la misma manera que del beso se experimenta por dentro un significado mucho mayor, y se siente que está lleno de sentido y cargado de muchas cosas más de las que se ven, así también la muerte se siente que no puede ser solo lo que se ve, sino que tiene que estar cargada de mucho significado y sentido que va más allá. Me gustó la comparación. Yo en el beso siento que hay amor; y, en el fondo, que eso trasciende lo que se ve y pide eternidad. Pero eso solo lo veo en mi cora-

---

[9] Cf. J. Bowker, *Los significados de la muerte.* Cambridge, University Press, 1996, p. 25.

zón, lo siento. De la misma manera, si miro mi corazón, siento que David no puede estar solo en lo que se ve —en el cementerio—, sino que vive en mi corazón, en el de todos los que lo han querido, y que su vida y su significado piden eternidad. No sé cómo será. Casi me dan ganas de hacerme más niña para seguir hablando del cielo, imaginarlo como un jardín, porque también es cierto que en esto me considero pequeña. Quizá por eso tengo fe.

En diferentes trabajos realizados en el Centro de Humanización de la Salud hemos hablado de los «siete apellidos de la esperanza», verificando que sean estos en muestras de personas en situación de sufrimiento y duelo. En efecto, la esperanza se traduce en confianza; se muestra en paciencia, mientras cambia de nombre y de contenido con el paso del tiempo; tiene un gran poder sanador, terapéutico; se cultiva en actitud de tenacidad; requiere perseverancia a lo largo del tiempo y en los procesos, y, en último término, se vive en clave de abandono confiado, para el creyente, abandono en Dios[10].

3. El valor terapéutico de los ritos y de la fe

En los países donde el proceso de secularización es tan fuerte como en España, la participación en los ritos religiosos va en clara disminución. Sin embar-

---

[10] Cf, J. C. Bermejo, *Los 7 apellidos de la esperanza*. Santander, Sal Terrae, 2022.

go, la investigación muestra que en los ritos fúnebres no es así. Las facilidades para comunicar las noticias —antes había que esperar que llegase la carta…—, las facilidades para viajar y otros factores, y quizá una mayor sensibilidad ante el dolor del duelo, pueden ser elementos que influyen en una mayor afluencia en los ritos de despedida en torno a las defunciones. Sería, pues, el único tipo de rito en que el número de participantes aumenta.

Al hablar de los ritos nos referimos a esas actividades que realizamos y que, al hacerlas, logran que algo tenga un significado para nosotros[11]. Los ritos ocupan un lugar muy relevante en el duelo. Ayudan a dar un significado personal o compartido a la vida. Cuando son bien celebrados, sirven de alivio, facilitan la integración de cambios, sanan, socializan, reconocen, visualizan, simbolizan lo que, de otra manera quedaría sin decir o expresado de forma mucho más limitada. Son, normalmente, una validación social de la necesidad de elaborar el duelo y del valor del apoyo recíproco.

Todos los ritos tienen una función en las diferentes culturas, tanto los individuales como los comunitarios. Dentro de los comunitarios, ya sean los ritos de solidaridad como los de transición, cumplen una función relevante en la vida de los grupos. En el caso del fallecimiento de un ser querido, la comunidad ha previsto siempre ritos apropiados para humanizar la experiencia compartiéndola.

----

[11] Cf. V. RODIL, *Los ritos y el duelo*. Santander, Sal Terrae, 2013, p. 114.

E. Durkheim, estudioso de los ritos, considera que estos marcan los acontecimientos, diferenciando los momentos ordinarios de los especiales, y hacen penetrar lo sagrado en lo profano, expresando, de forma simbólica, la pertenencia del individuo a la comunidad.

La muerte nos pone ante el misterio y nos hace a todos filósofos. Pero no es un filosofar especulativo el que desencadena la muerte, sino que es, como dice Juan Masiá, «un pensar callando, escuchando y caminando; un pensar quizá menos occidental es el que necesitamos para pensar y filosofar ante el enigma de la muerte [...] La muerte pone al ser humano en estado de pensar, lo deja en estado, lo deja embarazado de la filosofía»[12].

En esta situación, los ritos pueden salir al paso de verdaderas necesidades. Si no están deshumanizados –¡qué pena y qué rabia cuando los sentimos así, vacíos, despersonalizados!–, contribuyen a vivir el paso, a adaptarse a la pérdida, a socializar sanamente lo que realmente es un acto social: la muerte de un ser querido.

La sabiduría popular y la tradición secular han ido dando formas distintas a los ritos, pero siempre con el valor del soporte de la comunidad a los más heridos. El toque de las campanas –con su repercusión en la naturaleza y su código de comunicación–, el acompañamiento en la casa, la liturgia desde la fe, son elementos que pueden realmente expresar el acompa-

---

[12]   J. Masiá, *El animal vulnerable. Invitación a la filosofía de lo humano.* Madrid, Universidad Pontificia Comillas, 1997, p. 276.

ñamiento en los sentimientos y en el vacío que produce la pérdida.

No es que la fe sea un anestésico o ansiolítico de las humanas reacciones ante la muerte y el duelo. El mismo Jesús manifestó claramente sus sentimientos de tristeza. «La espantosa noche de terror ("me muero de tristeza") es uno de los más valiosos relatos que tenemos sobre Jesús, porque nos lo revela en toda su humanidad. Ese miedo y esa angustia, tan difíciles de soportar, forman parte de la condición humana»[13]. Asimismo, al enterarse de la muerte de su amigo Lázaro, Jesús no se ahorró la expresión de su tristeza llorando (Jn 11,35). La clave es poder compartirlos con los demás y con Dios y aprender juntos a seguir creyendo y confiando.

La fe, como la oración, a veces necesita ser purificada en torno a la muerte de los seres queridos. Las palabras y los signos han de ajustarse con fidelidad a la experiencia vivida; también las palabras del rito, porque, si el rito de por sí tiende a humanizar, el rito deshumanizado es denigrante. San Camilo, patrono de los enfermos, enfermeros y hospitales, y cuyos seguidores han sido reconocidos durante tiempo como «los Padres de la buena muerte», decía: «Yo no sé en mis oraciones andar por las copas de los árboles». Su espiritualidad, como refiere Pronzato, no se asemeja al aire con que se llenan los globos de colores, tan hermosos a la vista, sino al aire que sirve para llenar los neumáticos. Es una espiritualidad que le resulta

---

[13] S. CASSIDY, *La gente del Viernes Santo*. Santander, Sal Terrae, 1982, p. 87.

indispensable para caminar y doblar el espinazo y servir a los que sufren la pérdida de un ser querido[14].

La persona en duelo a la que la oración ayuda vive algo así como el pájaro: canta porque no puede dejar de cantar; ora porque una experiencia única, muy íntima, muy personal, que afecta a todas y cada una de las dimensiones de la persona, ha de exclamarse, lamentarse, gritarse, decirse…, íntimamente o en voz alta, esperando que así se haga más liviano el sufrimiento[15]. El que ora en el duelo tiene la posibilidad no necesariamente de buscar un para qué, sino de haber encontrado un cómo vivir en clave trascendente lo que no puede evitar. Y la oración puede permitir la expresión del recuerdo, del dolor, de la indignación, de la incomprensión, del agradecimiento… y hacer bien al corazón.

> Poner palabras al corazón, expresar la propia pequeñez y necesidad, dar gracias, reconocer el misterio, silenciar los sentidos, contemplar la belleza, es profundamente humano y humanizador. Hacerlo ante Dios es orar. Cuchicheando o cantando, con frases enteras o medias palabras, con escritos de otros o tartamudeando… es orar. Ponerse en intimidad íntima, juntarse con un grupo en sintonía de corazones, ritualizar en una gran asamblea… son distintas y hermosas formas de tratar de expresar la sed que tenemos de fuentes vivas para el espíritu[16].

---

[14] Cf. A. PRONZATO, *Todo corazón para los enfermos. Camilo de Lellis.* Santander, Sal Terrae, 2000, p. 365.

[15] Cf. F. ÁLVAREZ / J. C. BERMEJO, *Orar en el duelo.* Bilbao, Desclée de Brouwer, 2012, p. 21.

[16] J. C. BERMEJO / M. P. AYERRA, *Orar el duelo,* o. c., p. 10.

En torno al duelo podríamos estar animados por esta misma espiritualidad, para poder decir con orgullo lo mismo que Pablo: «De esta manera, amándoos a vosotros queríamos daros no solo el Evangelio de Dios, sino incluso nuestro propio ser, porque habíais llegado a sernos muy queridos» (1 Tes 2,8).

La literatura de la Grecia y la Roma clásicas desarrolló el consuelo como un conjunto de argumentos que se ofrecían al doliente en forma de simples cartas o tratados filosóficos. Del conjunto de los argumentos que se utilizaban eran frecuentes los que hacían referencia al hecho de que todos los hombres son mortales, que lo importante no es haber vivido mucho, sino virtuosamente; que el tiempo cura todas las heridas, que lo perdido era solo prestado, que aquel al que lloramos no sufre, etc. Eran lugares comunes a los que a veces se añadían elogios del difunto y ejemplos de hombres que sobrellevaron la desgracia con valor.

Este tipo de consuelo se presentaba poniendo, normalmente, a la razón como consolador supremo. No obstante, Séneca considera «el afecto de los familiares como principal fuente de confortación». Y los viejos consoladores cristianos, aun recurriendo a argumentos paganos, pudieron renovar el género por la importancia que daban a la emoción y por las fuentes de su inspiración, que eran a la vez bíblicas, éticas y místicas.

Hoy estamos lejos de la tradición estoica, seguida por Cicerón, que concibe los sentimientos y las emociones como desórdenes del alma y a las personas por ellos afectadas, poco prudentes y sabias. Pero quizá no estamos todavía tan lejos de la tradición que llevaba a consolar con frases hechas.

Consolar a los afligidos es, en efecto, la expresión de una de las obras de misericordia, en lenguaje cristiano. Consolar es lograr alguna forma de descanso y alivio de la pena, molestia o fatiga que aflige y oprime el ánimo. La persona consolada experimenta disminución de la intensidad de la pena o de la angustia[17].

El afecto sincero, comunicado entrañablemente con nuestros sentidos, mucho más que con la razón, será el camino más apropiado para acompañar a quien vive la pérdida de un ser querido y elabora el dolor por ella. Así también la búsqueda de este afecto y dejarse querer es el camino que hay que reforzar cuando el duelo se vive en primera persona mucho más que grandes discursos. «El consuelo que abre a la esperanza es una modalidad de cuidado. Para que nosotros podamos consolar a otros hace falta que nosotros mismos experimentemos ese consuelo»[18].

> Es curioso; creo que no olvidaré nunca los abrazos que me han dado algunas personas por las que me siento tan queridas, al salir del cementerio, del entierro de mi joven hermano. Casi me atrevería a decir que no he conocido abrazos tan intensos, tan apretados, tan achuchados, tan sentidos; mojados en lágrimas, sí, jugosos y sabrosos diría. Estaban

---

[17] Cf. J. C. Bermejo, *Escucha y consuelo*, o. c., p. 16.

[18] L. Sandrin, *Comunidad sanadora. De la pastoral de la salud a la salud de la pastoral*. Santander, Sal Terrae, 2021, p. 247.

llenos de dolor, pero también de solidaridad. Así lo he sentido. ¡Cuánto bien me han hecho esos cuatro abrazos de entre tantos saludos! Me viene a la mente el funeral reciente al que fui hace poco en una gran ciudad. Hacía tiempo que no lo hacía. ¡Nada que ver con los otros a los que he asistido; con este, en el que entre los más dolidos estaba yo! Un momento en el tanatorio, algunos coches detrás del féretro, cinco minutos antes de la cremación con los pocos que pudieron entrar y la imposibilidad de abrazar a la esposa del difunto, por expreso deseo de toda la familia. Según ella, no quería «derrumbarse» al saludar personalmente a los presentes. La verdad, no creo que esta fórmula sirva para humanizar. Sé que hay exageraciones en el otro extremo, pero seguro que hay un punto medio. Los abrazos que yo he recibido los conservaré siempre apretados contra mí, sosteniéndome en el dolor.

Louis-Vincent Thomas[19], antropólogo que ha estudiado especialmente el tema de la muerte, dice que «el hombre se define como un animal que practica ritos funerarios», porque el rito existe para *dar sentido a lo que nos sucede,* sentido tanto a nuestra propia muerte como a la del otro. El rito es lo propio de lo humano. Su ausencia es una ausencia de humanidad.

No es saludable, en este sentido, la tendencia que parece empezar a surgir en ciertos contextos de privatizar tanto la muerte que nos lleve a vivirla tan íntimamente que se anulen los ritos. Porque la ausencia de ritos genera un vacío deshumanizador

---

[19] L.-V. Thomas, *Antropología de la muerte.* México, DF, FCE, 1983.

que condena a los que viven el dolor por la pérdida a la soledad. El ritual, por definición, determina minuciosamente el tiempo, lugar, personas, actuaciones, palabras, gestos, objetos, con los que rodear una experiencia importante que la persona vive comunitariamente. El rito es una ceremonia que se repite normalmente de la misma forma, siguiendo unas normas, más o menos establecidas, donde hay espacio para la personalización y para la creatividad.

La reverencia manifestada ante lo sagrado participando en el rito expresa, de manera simbólica, la dependencia del individuo respecto de la comunidad, de la sociedad.

El funeral de cuerpo presente, por otro lado, tiene algo de misterioso que no se puede equiparar a celebraciones sin el cadáver. Ante el cadáver de un ser querido, todos nos hacemos filósofos y nuestras entrañas se estremecen. Podríamos decir, en el fondo, que quien no sabe decir algo sobre la muerte no sabe decir nada serio sobre la vida; y los ritos son esa oportunidad para decir una palabra, para osar romper el sinsentido vivido emocionalmente. «Las ceremonias, sea cual sea la forma que adopten, tienen el asombroso poder de transmitir vida a los que se quedan aquí abajo. Ejercen, en general, un influjo bien concreto en la familia y los amigos íntimos del difunto; pero a menudo también en los amigos más lejanos»[20].

---

[20] L. Burdin, *Decir la muerte*. Barcelona, Claret, 2001, p. 205.

El ritual funerario final del funeral o de cremación ayuda a que los deudos puedan afrontar la realidad de la muerte del ser querido, evitando que sigan actuando como si el suceso negativo de la pérdida no hubiera acontecido. Los familiares son introducidos en el rol de deudos, y son asistidos y acompañados en su duelo, para ser reintegrados a la comunidad de forma progresiva[21].

No obstante, el uso de la palabra en los ritos ha de ser prudente, además de personalizada[22]. Es interesante esta sentencia:

> Cuando basta una palabra, evitemos el discurso;
> cuando basta un gesto, evitemos las palabras;
> cuando basta una mirada, evitemos el gesto;
> y cuando basta un silencio, evitemos incluso la mirada.

Si, por un lado, existen con frecuencia motivos para lamentarnos de la frialdad de la celebración de muchos ritos fúnebres, también existen motivos para interpelar la responsabilidad de todos en su preparación. No hay experiencia más gratificante en torno a la muerte de un ser querido que la de participar activamente en los ritos —cualesquiera que sean— con los que se marca esa separación definitiva de la proximidad física.

---

[21] Cf. L. JOFFE, «Rituales funerarios y de duelo colectivos y privados, religiosos o laicos», en *Revista de Psicología* 22/2 (2014), p. 148.
[22] Cf. J. MONBOURQUETTE / I. D'ASPREMONT, *Disculpe, estoy en duelo.* Santander, Sal Terrae, 2012, pp. 131-148.

Mari Patxi Ayerra, colaboradora del Centro de Humanización de la Salud, en el precioso libro *Querido Dios. Cartas de esperanza*[23], al regreso de un funeral en el que ha acompañado a una amiga, escribe a este propósito con absoluta franqueza y transparencia:

> El entierro ha durado poco, pero no podía despedirme de mi amiga. Tú sabes bien cómo está y por qué no podía dejarla sola. Le duele el alma por haber perdido a su hijo así, de pronto; pero cuando estaba algo más serena por haber tomado la decisión de donar los órganos para otras personas, alguien ha comentado la posibilidad de que no haya muerto naturalmente, sino por suicidio.
>
> ¡Es espantoso! Creía que se moría ella también. No ha parado de recordar lo majo que ha sido siempre este chico, cuánto le quería la gente, qué tareas hizo en la parroquia, la cantidad de amigos que tiene y lo bien que lo pasaron juntos en la playa a principios de mes.
>
> Todos la miraban asustados. Ella repetía una y otra vez que era imposible. El dolor que se respiraba en el ambiente era impresionante. ¿Cómo se puede sufrir tanto...? Los jóvenes también estaban silenciosos, llorosos, como avergonzados por el comportamiento de su hermano y amigo.
>
> ¡Ah! Una cosa que me ha enfurecido en todo esto ha sido el cura que ha acompañado los ritos del entierro: parecía de plástico. No se ha conmovido lo más mínimo ante el dolor de esta gente. En algún

[23] M. P. AYERRA, *Querido Dios. Cartas de esperanza.* Santander, Sal Terrae, 2011.

momento le he oído decir que tus caminos, Señor, son inescrutables, que no sé bien qué puñeta quiere decir, pero la verdad es que, si este cura anda por unos caminos tuyos tan complicados de decir, es que no va por los que yo te sigo, que me parecen tan sencillos, y los mismos que sigue la vida de todo el mundo. Su gesto era de indiferencia. Las palabras que pronunciaba hablando de ti eran pura fórmula y monotonía. No ha sabido interesarse lo más mínimo por esta familia, que además es gente de fe y habrían podido charlar de cómo su hijo ya está a gustito contigo, ahí, en tu mesa camilla… Pero él solo ha repetido varias veces que, para que tú le perdones, tenemos que «pedírtelo» constantemente, como si fueras sordo.

Afortunadamente, no todos los ritos son así. Y lo cierto es que, bien preparados y personalizados, pueden realmente ser una experiencia de vida, de amor y de solidaridad.

Para mí, el funeral fue una experiencia gratificante de consuelo. Un hermano mío llegó a decir que lo podíamos haber grabado (entiendo que así expresaba a su modo el consuelo y la satisfacción que le produjo). Lo preparamos juntos con el sacerdote. Elegimos los textos según íbamos hablando de lo que más sentido tenía para mi padre y para mí. Yo mismo hice la introducción; antes de comenzar el sacerdote, dije qué sentido tenía que estuviéramos juntos en el templo, que aquello era celebrar la fe también en medio del dolor. La homilía fue un momento muy entrañable. La verdad es que fue una lección para mucha gente que luego, comentándolo, decían que qué bien aquello que se había dicho, porque servía como claves para seguir viviendo el duelo posteriormente. La oración de los fieles, leída por cada uno de los nietos, fue un momento muy intenso. Era conmovedor, se partía el alma de dolor, pero también de belleza: como si el amor quedara simbolizado de una manera sagrada en aquellos momentos en los que poníamos nuestra confianza solidariamente en Dios. Al final volví a leer un texto que había escrito para agradecer la vida de mi padre y la presencia de todos los que estaban allí, algunos de los cuales habían venido de lejos. Nunca olvidaré también aquellos cantos que entonó mi amiga, que tiene una voz preciosa. Alguien que no la veía por la columna de la iglesia, decía que creía que había sido una cinta. Yo creo que era, porque estaba entonada también ella en la sinfonía de solidaridad y en el clima de oración. La experiencia de la presencia de Dios también se hace más tangible cuando la oración y los ritos son cuidados. Me da pena que no todos los funerales sean como este, que no todos los que pierden a un ser querido tengan esta suerte de experimentar el consuelo de la fe y el amor de los presentes en una celebración bien cuidada.

Cuando se da participación y se preparan, los ritos pueden ser realmente reconfortantes[24]. En un funeral por un joven suicidado, su hermana, también jo-

---

[24] Cf. G. MORENO, *Abriendo camino. Conversaciones sobre la muerte con José Carlos Bermejo*. Madrid, San Pablo, 2021, p. 114.

ven –aún no había cumplido 30 años– leyó esta breve carta en la iglesia; lo cual fue de gran impacto emocional y consuelo para los presentes. La hermana no sabía cómo encontró fuerzas para hacerlo. Después, el texto lo releyeron durante un tiempo ella y sus padres para detenerse en lo positivo que contenía:

> Querido hermano: quiero que sepas que, aunque en estos momentos no estés físicamente con nosotros, siempre te vamos a recordar tal y como eras, alegre, cariñoso, agradecido, con un enorme corazón y siempre con una bonita sonrisa en tu boca. Hemos pasado juntos muchos momentos de alegrías, tristezas, ilusiones; pero, sin duda, este es el momento más amargo de mi vida. Sé que, con la ayuda de Dios, la familia, amigos y sobre todo gracias a ti, Mario, que nos estarás cuidando desde el cielo, lo vamos a superar poco a poco. Como hermano fuiste excepcional, el mejor para mí; siempre has estado a mi lado apoyándome y ayudándome, aunque teníamos nuestras pequeñas peleas, las típicas entre hermanos. Te vamos a echar mucho de menos. Te queremos; y los que te conocimos nunca te olvidaremos. Un beso, Mario.

Marie de Hennezel[25], autora de varios libros recientes sobre la muerte, afirma que más que inventar nuevos ritos para entrar vivo en la muerte –no morir antes de morir– o para vivir el duelo, deberíamos revisar los antiguos rituales religiosos para inspirarnos en ellos.

....

[25] M. DE HENNEZEL, *La muerte íntima.* Barcelona, Plaza y Janés, 1996.

En la tradición cristiana existe también la costumbre de «decir misas por el difunto» con una cierta periodicidad o con ocasión de que cumple un año o un mes, etc. Más allá del inestimable valor de todo rito y de la celebración del misterio de la Pascua y de nuestra fe en la resurrección, que es el núcleo de la celebración de la eucaristía, algunas veces se tiene la sensación de la necesidad de purificar el lenguaje y el sentido de esta práctica.

En el fondo, «decir una misa por un difunto», como popularmente solemos expresarnos, es una terminología que tiene sabor arcaico. Llevado al extremo, podría parecer que a Dios le estuviéramos comprando la salvación de nuestro ser querido mediante la «aplicación de una misa» (lenguaje también tradicional). A mi juicio, hay mucha salud en juntarse con ocasión del recuerdo, por cumplir un mes, dos, un año, etc., y celebrar la fe juntos. Si tuviera que decirlo con mis palabras, encarnándolo en mi duelo, diría:

> Tengo muy vivo el recuerdo de mi ser querido fallecido; lo tengo especialmente vivo y más a flor de piel porque cumple X tiempo. Por eso, deseo socializar este sentimiento juntándome con quien quiera acompañarme para celebrar nuestra fe en la vida, en el triunfo de la vida; y deseo celebrarlo ante Dios, y contarle a Dios con sinceridad lo importante que ha sido, y sigue siendo, nuestro ser querido fallecido. Por eso, nos reuniremos en la celebración de la fe cristiana por antonomasia —la eucaristía— y oraremos en comunión; es decir, hablaremos en confianza —escuchar y hablar— con Dios sobre esta

realidad tan relacionada con el misterio de la muerte y resurrección de Jesús, actualizado en la eucaristía[26].

Purificado así el lenguaje, estaríamos también ante una purificación de las motivaciones y de las actitudes y ante una fuerza seria de la comunidad y de la fe, ligada muy directamente a la experiencia humana concreta de dolor y duelo.

Algo así pasa con lo que tradicionalmente expresamos con la frase «orar por los difuntos», sobre todo si la entendemos en clave de petición. Lejos de pensar que hay una relación directa entre el número de oraciones, o lo que se conoce también con el nombre de «sufragios», y la salvación de nuestro ser querido, lo fundamental es que la oración muestra los vínculos estrechísimos existentes entre la comunidad terrena y el miembro difunto, así como la fe en la victoria sobre la muerte y la esperanza en participar de la vida eterna[27].

---

[26] A algunas personas les preocupa el asunto de la misa y su precio. ¿Tienen precio las misas por los difuntos? Indudablemente, no. Un modo sano, y en sintonía con la tradición de la Iglesia, es dar cauce a la solidaridad especialmente en los momentos de dolor. Dicho de manera sencilla: «Ahora que siento el dolor en mi propia carne, me siento más sensible ante las necesidades de los que sufren, y por eso, como signo de solidaridad, contribuyo también económicamente con los proyectos de la comunidad eclesial, además de participar al lógico sostenimiento de los recursos litúrgicos –incluido el recurso humano– puestos al servicio de estas celebraciones».

[27] Cf. *Ritual de exequias*, 1989, nn. 15-17; CONFERENCIA EPISCOPAL ESPAÑOLA, Instrucción pastoral *Un Dios de vivos*, 2022.

No te quedes llorando ante mi tumba.
No estoy ahí. No estoy durmiendo.
Yo soy el viento que sopla,
el diamante que brilla en la nieve,
la luz del sol sobre el grano maduro
y la suave luz de otoño
cuando despiertas en medio del silencio matinal.
Yo soy el impulso ascendente y ligero
de los pájaros callados que vuelan en círculo.
No que quedes llorando ante mi tumba,
no estoy ahí...

Fundación «Volver a casa»

6

TAMBIÉN APRENDO DEL DUELO

Viktor Frankl, psiquiatra judío que estuvo en los campos de concentración nazis, al que conocemos como fundador de la logoterapia o terapia mediante los valores, decía que «todo aquello que amamos nos lo pueden arrebatar; lo que no nos pueden quitar es nuestro poder de elegir qué actitud asumir ante estos acontecimientos».

1. Qué he aprendido yo de mis pérdidas

Una de las tareas espirituales del duelo[1] es precisamente esta: salir de sí, proyectarse creativa y solidariamente, dejarse cuidar, explorar el posible potencial de desarrollo y crecimiento humano que podemos experimentar, con ocasión del sufrimiento por la muerte de un ser querido.

El libro *La muerte enseña a vivir. Vivir sanamente el duelo*[2] ya recogía las líneas que siguen, y que transcribo de nuevo por ser una experiencia personal con la que deseo contribuir a quien, leyendo estas líneas y encontrándose en duelo, acepte mi experiencia de

---

[1] Cf. J. C. BERMEJO, *Las 7 tareas espirituales del duelo*, o. c.
[2] J. C. BERMEJO, *La muerte enseña a vivir. Vivir sanamente el duelo*. Madrid, San Pablo, 2003.

pérdida, leída también en clave de oportunidad de crecimiento.

Era una fría mañana de febrero, en mi fría casa, a mis 9 años, cuando me despertó mi padre por la mañana llorando y diciendo que mi abuelo había muerto. Y me acompañó a verle cuando me vestí. A los pies del féretro estaba mi abuela llorando «como ante un dormido encajonado». Aquello se me clavó en mis células, como no podía ser de otra manera.

¡Cómo no me iba a enseñar algo aquella muerte!

Entre otras cosas, que la vida no consistía solo en ir a la escuela y jugar con la bicicleta, mi compañera preferida de entonces, y asar castañas en la cabaña de madera y chapas construida en el corral de mi casa. Mi abuelo me había hecho promesas… que no se cumplirían nunca; ya no me llevaría a escondidas en el remolque al campo, en contra de la voluntad de mi padre… Los familiares se reunían todas las tardes durante un mes a rezar el rosario juntos en la cocina: ¡qué solidaridad aquella para con mi abuela!

Recuerdo, ¡cómo no!, la muerte de mi hermano a sus 19 años. Yo tenía 14. Una llamada de teléfono informó a uno de mis formadores que un hermano mío había fallecido. Un helado tirado a la basura, un viaje de 250 kilómetros —de los de entonces— «matando a cada uno de los siete hermanos» mentalmente, porque no sabía cuál de ellos había sido el que se había ahogado; una madre desesperada, un padre que habría preferido ocupar el puesto de su hijo que llevaba su mismo nombre.

¡Cómo no me iba a enseñar algo aquella muerte!

Entre otras cosas, que la vida no termina siempre con la vejez; que la culpa irracional es un huésped cruel que cumple una función de adaptación progresiva (¡qué discusión más tonta habíamos tenido unas semanas antes por un simple carrete de fotos y qué difícil era que se fuera de mi mente!). Aprendí que el sinsentido también tiene su espacio en la vida, que las fiestas del pueblo no eran obligatorias y no pasaba nada si uno no las celebraba. Aquel compañero mío no tuvo vergüenza de llorar ante el cadáver, ¡y cómo impresionó a mi familia su sensibilidad y «compasión»!... Aprendí el valor de las lágrimas solidarias.

Y cómo no voy a recordar la muerte de mi padre, a sus 64 años, después de años de acompañamiento en los procesos de enfermedad.

¡Cómo no me iba a enseñar algo aquella muerte!

Entre otras cosas, que la inminencia de la muerte se puede comunicar, que se puede acompañar a arreglar algunas cosas antes de que sea tarde, que se puede decir «te quiero» y «gracias» llorando y no pasa nada que no sea bueno, que se puede preparar el funeral –incluso antes del fallecimiento en algunos aspectos–, que se puede celebrar la misma muerte desde la fe. Uno se puede dejar abrazar y querer en la debilidad: ¡qué abrazos tan fuertes y aplastantes recibí, sin agujeros, como a mí me gustan! Aprendí cómo el cuerpo se resiente ante las emociones y que se puede debilitar el sistema inmunitario –aquella gripe era oportunista a los diez días, seguro–, que se puede hablar abiertamente del fallecido y no hace más que bien...

Y recuerdo aquella niña de 7 días, que yacía como dormida junto a su madre en la cama de un hospital de África subsahariana, muerta a causa de una infección perinatal.

¡Cómo no me iba a enseñar algo aquella muerte!

Aprendí que son muchas las muertes evitables, las muertes anónimas, consecuencia de la pobreza y la injusticia; que no son «muertes naturales», podríamos decir, sino injustas, clara consecuencia de las grandes diferencias en el disfrute de las riquezas: un cuchillo de cortar la maleza en la selva había servido también para cortar el cordón umbilical. Aprendí que, sin duda, la solidaridad, el amor, la paz y la justicia pueden matar muchas muertes.

Creo que se puede aprender de la experiencia del dolor, efectivamente. Sería deseable que muchas lecciones las aprendiéramos sin necesidad de tener que pasar por esta dolorosa escuela. Sin embargo, si nos toca pasar por ella, ¿por qué no hacer de la desgracia una oportunidad?

El duelo, o nos humaniza o nos enferma[3]. O nos hace blandos, ayudándonos a relativizar, acompañándonos en el descubrimiento de nuevos y sólidos valores y en el reconocimiento de los valores ya vividos y que persisten en el recuerdo, o nos lanza al abismo de la oscuridad, del sinsentido, de la soledad y los márgenes.

---

[3] Cf. A. Payás, *Las tareas del duelo. Psicoterapia de duelo desde un modelo integrativo-relacional.* Barcelona, Paidós, 2010, pp. 184ss.

No podemos amar sin dolernos. El duelo es un indicador de amor, como el modo de vivirlo lo es también de la solidaridad y del reconocimiento de nuestra limitación y disposición al diálogo. De igual manera que hay duelos mal elaborados en la raíz de situaciones de enfermedad y de exclusión y marginación, hay también duelos que constituyen una oportunidad para reconstruir lazos que estaban rotos o debilitados, para aprender de nuevas relaciones, para dejarse cuidar y querer, para cultivar el sano recuerdo y darle el valor que tiene a la memoria, para reconocer el poder humanizador de las lágrimas... y del pañuelo.

Quien, con ocasión del duelo, no aprende la lección, se vuelve más apático. El que aprende de él se humaniza. Decimos con convicción que, en medio del duelo, a lo largo del proceso, con ocasión de él, «es posible encontrarle un nuevo sentido a la vida»[4]. No falta quien, con ocasión del sufrimiento, sale crecido y hace del duelo una experiencia resiliente, es decir, una oportunidad de mayor desarrollo personal a nivel humano, relacional, solidario... Es fácil decirlo, no depende solo de la voluntad, sino también del temperamento y de la posibilidad de encontrar un «tutor de resiliencia»[5].

---

[4] A. CARMELO, *Duelo y despertar. De oruga a mariposa.* Barcelona, Taranná, 2007, p. 189. Cf. también R. A. NEIMEYER, *Aprender de la pérdida.* Barcelona, Paidós, 2002.

[5] Cf. J. C. BERMEJO, *Resiliencia. Una mirada humanizadora al sufrimiento.* Madrid, PPC, 2011.

Así cuenta su experiencia la madre de un hijo recientemente fallecido:

Creo que todavía nos queda mucho por aprender con el duelo. Cuando me decían que de «todo» se aprende algo, me ponía furiosa; ¿qué iba a aprender yo de la trágica muerte de mi hijo? Nada, solo iba a aprender a odiar (a los traficantes, a los psiquiatras, a los amigos, a todos los que no supieron o no quisieron ayudarle); pero con el tiempo te das cuenta de que verdaderamente «la muerte enseña a vivir».
– Aprendes a ser más humano y más humilde. Cuando falleció Carlos, me volví insensible y mala, quería que todos los jóvenes muriesen, también sus amigos, etc., para que sus padres supieran lo que nosotros sufríamos. Con el paso del tiempo, esa rabia desaparece y te haces más sensible que antes. El duelo por un ser querido te enseña cuáles son las cosas importantes de la vida, como el amor a los demás; no solo a los seres que tienes alrededor, sino mucho más ampliamente. Piensas lo que otras personas han podido sufrir con una «pérdida», ya sean padres, hermanos, esposos, novios, hijos, etc. Pensamos que hemos sido muy egoístas no sabiendo apreciar la felicidad y bienestar que hemos disfrutado, sin darle ningún valor. Te das cuenta de la cantidad de gente que sufre en el mundo por guerras, terrorismo, hambre; los inmigrantes que tienen que abandonar su país y a sus hijos para buscar comida en otro lugar, y de toda la miseria y pobreza del mundo. Sientes que lo que te ha pasado a ti es horrible, pero hay tantas y tantas personas que sufren…

– Te haces menos materialista. El dinero y los bienes materiales carecen de importancia; eso no da la felicidad.

– Eres consciente de tu propia muerte. En esta vida estamos solo de paso, aunque no queramos ni pensarlo; hoy estás y mañana… La vida es un préstamo, y hay que vivirla sanamente, y procurando no hacer daño a nadie.

– Aprendes que no merece la pena enfadarse por pequeñas cosas. Mi marido y yo estuvimos enfadados con su hermano y su cuñada durante bastante tiempo, seguramente por una tontería. Hace tres años su hermano enfermó y su cuñada no dejó entrar a mi marido a visitarle y hacer las paces con él. Falleció y solo pudo darle un beso después de muerto. Sufrió muchísimo y yo «juré» que nunca más en la vida iba a dirigirle la palabra a mi cuñada ni a los sobrinos, que ya eran mayores. El mismo día que falleció mi hijo Carlos vinieron a nuestra casa. Podíamos no haberles dejado entrar, como hicieron ellos, pero nuestro corazón nos decía que teníamos que arreglarnos, que no merecía la pena mantener esa actitud de niños cuando nosotros teníamos un dolor tan intenso y profundo. Además, Carlos siempre nos decía que no entendía por qué estábamos enfadados y él no podía pasar las Navidades con sus primos; y tenía razón, era más listo o menos egoísta que nosotros. Nunca habíamos tenido en cuenta lo que decía, pues era un niño, y fue su muerte la que nos hizo comprender lo que de verdad importa en la vida.

– Aprendes a no juzgar a nadie. «No juzgues y no serás juzgado». Por terrible que te parezca lo que hacen algunas personas, tú no eres quién para juzgarles; lo mismo que yo no quiero que me juzguen, y digan o piensen que no he sabido cuidar a mi hijo.

– Te das cuenta de las personas que de verdad te quieren y te ayudan. Ganas unos amigos y pierdes otros.

– Nos hemos acercado más a Dios, tenemos más fe. Vamos más a misa, sí, aunque no esté de moda; y reconocemos nuestra necesidad de la ayuda de Dios. Y nos hace bien.

– En resumen, el duelo te hace ser mejor persona, aunque el precio que pagas es muy caro.

El milagro del amor es el que transforma la muerte en fuente de vida. «En una palabra, lo que cura el dolor es una renovada y aumentada capacidad de amar»[6].

2. La experiencia del duelo puede enseñar a morir y acompañar

Nadie se escapa de la experiencia del duelo y de acompañar a otros en sus pérdidas. Ambas realidades constituyen, por tanto, un reto para todos. ¿Cómo hacer de la muerte y del duelo una experiencia biográfica, es decir, una experiencia personal que humanice, no una experiencia únicamente de vacío y pérdida?

---

[6] A. Pangrazzi, *Alivio mi dolor hablando de mi amor.* Santander, Sal Terrae, 2021, p. 77.

En efecto, la muerte ajena puede humanizarnos. El poeta Rilke, en *El libro de la pobreza y de la muerte*, empieza señalando que muchos no saben morir, que no llegan a madurar y a elaborar su propia muerte; por lo que su vida les es arrebatada desde fuera, muriendo de una muerte en serie que nada tiene que ver con ellos. Mientras que el anonimato y la banalidad convierten en horrorosa la muerte ajena, la muerte propia se constituye como el objetivo de toda la vida, que se tensa como un arco hacia ese momento de máxima intensidad vital, que es la muerte propia.

El poeta aboga por «vivir la propia muerte» como posibilidad humana de ser uno mismo hasta el final. Y esta puede ser una lección para el tiempo del duelo: aprender a vivir, por paradójico que parezca.

Rilke explica también por qué nos es dada la posibilidad de morir nuestra muerte propia. Justo porque hay en nosotros algo eterno; nuestra muerte no es similar a la animal… Exactamente en la medida en que hay algo de eternidad en nosotros podemos elaborar y trabajar nuestra propia muerte, lo que nos distingue radicalmente del resto de los animales. Pero ocurre que no sabemos hacerlo y que traicionamos nuestra más alta vocación, de manera que nuestra muerte no llega a vivirse siempre dignamente. Como tenemos demasiado miedo al dolor y al sufrimiento, nos empeñamos en vivir la vida sin anticipar su final, en vivir ciega y estúpidamente, como si fuéramos inmortales; y como no llegamos a madurar nuestra propia muerte, corremos el riesgo de engendrar y parir una muerte inconsciente de sí.

En la medida en que la muerte es vivida y no negada, el duelo es no solo más fácil de elaborar, sino que se puede convertir en una experiencia de crecimiento y humanización. Vivir la propia muerte consiste también en elaborar sanamente el duelo anticipatorio, en hacer de la experiencia de pérdidas una oportunidad para buscar sentido en las relaciones interpersonales y en los valores que pueden cualificar el mismo hecho de perder.

Ha sido Tolstói, en *La muerte de Iván Ilich*, el que ha formulado con absoluta nitidez tanto en qué consiste la diferencia entre la muerte propia y la ajena como cuál es la causa de tal distinción. Que todos los hombres son mortales explica el fallecer anónimo del otro, pero no el mío o el de la persona amada.

En el momento en que Iván Ilich experimenta la comprensibilidad de la muerte propia, la más profunda soledad y angustia ante ella, es torturado por la mentira sistemática ante su estado.

> Le torturaba aquel embuste, le atormentaba que no quisieran reconocer lo que todos sabían y sabía él mismo; y en vez de ello deseaban mentirle acerca de lo terrible de la situación en que él se hallaba y querían obligarle a que él mismo participara en aquella mentira [...] La mentira —continúa Tolstói concentrando toda la tesis de su novela en una sola frase—, esa mentira de que era objeto en vísperas de su muerte, una mentira que debía reducir el acto solemne y terrible de su muerte al nivel de las visi-

tas, las cortinas, el esturión de la comida…, era
algo atroz para Iván Ilich[7].

Pretenden reducir su muerte al nivel de una con-
trariedad, de una «inconveniencia», de una falta de
decoro. Cuando necesita más que nunca ser com-
prendido y consolado, mimado, solo el joven Guerá-
sim es capaz de entenderlo y aliviarlo, permitiéndole
así compartir los sentimientos propios del duelo anticipado.

3. Recordar sanamente

La fuerza del recuerdo, en efecto, se manifiesta en
salud y en enfermedad, en energía constructiva y
destructiva. ¿Cómo vivir sanamente el recuerdo?
Cuando uno pierde un ser querido, a veces tiene que
vivir además la desgracia de que algunos le dicen
que «tiene que olvidar», como si el olvido fuera terapéutico, sin reparar que el recuerdo puede ser fuente
de salud.

En nuestra memoria vamos almacenando experiencias agradables, cuya evocación nos deleita y, a
veces, nos compensa nostálgicamente la realidad
presente; y otras veces nos encandila y nos sube a
una nube de irrealismo. Las experiencias positivas
del pasado, cuando son evocadas sanamente, permiten descubrir en ellas el valor que no logramos en-

<hr>

[7] L. Tolstói, *La muerte de Iván Ilich.* Barcelona, Salvat, 1970, p. 62.

contrar en el presente. Parece como si volver al pasado fuera ir a beber para calmar la sed de autoestima y reconstruir una identidad rota o imposible de dibujar en el presente. A veces también disfrazamos con la nostalgia una falta de aceptación de nosotros mismos tal como somos, con lo que fuimos y lo que somos.

Pero grabamos también experiencias desagradables, pérdidas vividas como ofensas a nuestro presunto derecho a la integridad invulnerable. Las experiencias negativas pueden ser evocadas también para bien y para mal. Lo cierto es que contra el recuerdo parece mejor no luchar, sino conducirlo y ser dueño de él. Olvidar el pasado sería algo así como olvidar un gran maestro muy íntimo, la propia historia esculpida en nuestro corazón.

Hacer memoria de experiencias negativas puede servir para constatar el camino de crecimiento y maduración recorrido, para delimitar claramente el confín entre el antes y el después. Quien recuerda una separación dolorosa puede estar definiendo con realismo el presente y constatando las energías propias; o, por el contrario, puede estar dando vueltas inútilmente a una situación sin salida.

Séneca, el filósofo y orador romano del siglo I, en las *Cartas a Lucilio* –procurador romano de Sicilia–, habla de las dos caras del recuerdo: la áspera y la suave, en estos términos ya citados:

> Ahora tú eres el guardián de tu dolor, pero también cae para aquel que lo guarda, y cuanto más vivo es ese dolor, más pronto termina. Procuremos

que el recuerdo de los que hemos perdido nos sea agradable [...] Porque, como solía decir nuestro Atalo, la memoria de nuestros amigos difuntos es como algunas manzanas que tienen una suave aspereza, como el vino muy viejo, en el cual encontramos un amargor delectable[8].

En el pasado residen muchas claves de comprensión de sí mismo y de felicidad. El arte de ser infelices mirando hacia él, en cambio, consiste en pararse indefinidamente en el «más de lo mismo», en darle vueltas inútilmente a la cabeza, como decimos vulgarmente, en ser obstinadamente fieles a razones o sentimientos que en el pasado se revelaron importantes. Pensemos en quienes no consiguen separarse del recuerdo de una ofensa recibida, es decir, en quien no consigue separarse del rencor perdonando; o en quien no consigue separarse, y no acepta que hay un tiempo para encontrarse, y otro para dejarse y estar solo. Pensemos en quien, tras un fracaso, establece una relación idéntica con una persona casi completamente igual, cuyo idéntico final es fácilmente pronosticable. Pensemos en quien no cambia los propios comportamientos, que han dado suficiente muestra de ser nocivos para sí y para los demás, acarreando abundante sufrimiento.

El arte de ser infelices funciona también con los recuerdos positivos, cuando todo se paraliza en el «cualquier tiempo pasado fue mejor», cuando se idealiza aquella experiencia de relación exaltándola

---

8 SÉNECA, *Cartas a Lucilio*, libro VII, carta LXIII.

o mirándola a través de un filtro que solo deja traslucir lo bueno y lo hermoso en una luz engañosa. Es la experiencia que hace, por ejemplo, quien cree que nunca podrá construir una amistad tan hermosa como aquella que recuerda, y no sale de sí, no se lanza.

Ser dueño de la memoria consiste en dar espacio a los recuerdos, permitiéndonos sentir el aguijón del dolor que nos produce la pérdida y el recuerdo del ser querido que ya no está, pero sin sucumbir al poder que tienen los sentimientos, sobre todo la culpa y el resentimiento, la tristeza paralizante y la sensación de sinsentido que se mete hasta los huesos.

Canalizar los recuerdos es también compartirlos, sacándolos del cofre en el que los guardamos encerrados, quizá por el miedo a no ser entendidos o a que otros sufran con nuestro dolor. Es sano lanzar de vez en cuando un SOS que empieza por compartirnos con las personas queridas cuando nos encontramos en una situación de bloqueo, atrapados por los recuerdos que se han convertido en fantasmas ambiciosos que secuestran nuestra capacidad de vivir.

Ser dueño de la memoria consiste en dar el justo espacio a los recuerdos sin caer en el consuelo barato de quien pretende desactivar automáticamente el aguijón del dolor producido por las separaciones. Tampoco parece oportuno conservar vivas, como en un cofre bien custodiado, todas las experiencias de sufrimiento, de manera que tengan el poder de hacerse presentes con la misma o mayor capacidad de herir.

La petición de ayuda[9], cuando se presenta un recuerdo hiriente, nos puede llevar fácilmente a caer en el fantasma del consuelo, a dulcificar las separaciones mediante la «anestesia de la religión», cuando esta tiende a saltar por encima de la dimensión gris de la vida o mediante una especie de «nueva religión», la del acercamiento psicológico que niega la angustia existencial.

El dolor vivido en el espacio concedido al recuerdo puede tener una función pedagógica. La exhortación a olvidar es una falacia. No olvidamos. Podemos negar —reprimir— y podemos integrar sanamente el pasado, dando espacio a nuestras zonas oscuras para que, con nuestras luces, dibujen un paisaje realista, el de la propia historia; una historia sanada mediante la aceptación de sí mismo, del propio pasado, de los propios límites, de las propias experiencias negativas. Si Tagore escribió la hermosa sentencia: «No llores, porque las lágrimas te impedirán ver las estrellas», nos permitimos añadir también que hay lágrimas que limpian los ojos para ver con más claridad. Una llave para la comprensión de sí mismo, sin duda, está en el propio pasado.

Cultivar el recuerdo puede permitirnos sanar el pasado[10]. San Agustín, al narrar el sufrimiento por la pérdida de un amigo, escribe en el capítulo IV de sus *Confesiones:*

---

[9] Cf. A. Carmelo, *El buen duelo. Amor y resiliencia.* Barcelona, Plataforma, 2011, p. 121.
[10] Cf. J. C. Bermejo, *Las 7 tareas espirituales del duelo,* o. c., p. 53.

Llevaba a cuestas, rota y sangrante, a mi alma, que no soportaba ser llevada por mí y no hallaba dónde ponerla. Ni en el encanto de los bosques, ni en los juegos y canciones, ni en los parajes de suave olor, ni en los festines rebuscados, ni en los deleites de la alcoba y del lecho, ni siquiera en los libros y en la poesía encontraba descanso mi alma. Todo, hasta la misma luz, me causaba horror, y todo cuanto no era lo que él era resultaba insoportable y odioso, salvo el gemir y el llorar; que solo en esto hallaba algún ligero reposo[11].

La elaboración personal del recuerdo, junto con la posibilidad de compartirlo con otras personas queridas, ha de tener espacio en el equilibrio vital del que sufre una pérdida. Hay un sano equilibrio que está seguro de que está en la dialéctica entre la soledad y la comunión, entre la elaboración personal del recuerdo y el compartirlo con quien —también sanamente— esté dispuesto a escucharlo con paciencia y libre de toda tendencia al juicio.

Dentro de un mes será el cumpleaños de mi madre, pero no lo celebraremos. Recuerdo su último cumpleaños; lo pasó en el hospital; ya se intuía la gravedad, pero nada parecía presagiar una muerte tan cercana. En un momento en que estábamos solas me dijo: «Espero que el año que viene también lo podamos celebrar». Pero, ya ves, no va a ser así. ¿Sabes? Me duele su recuerdo; en este momento no paro de llorar. Voy desgranando mentalmente momentos vi-

---

[11] San Agustín, *Confesiones* IV,6,12.

vidos, momentos que compartí con ella de felicidad, y también sus momentos de enfermedad. ¡Cuánto sufrió! Sentir que no podía ni respirar, los múltiples pinchazos para medir la cantidad de oxígeno en la sangre…

La primera vez que ingresamos pensábamos que era una simple bronquitis. De Urgencias nos trasladaron a planta; y de repente la doctora me dijo que tenía una grave insuficiencia respiratoria y que era probable que muriera. En esas primeras horas de angustia no me despegué de su cama. La tenía agarrada de la mano y me apoyaba en su brazo, y pedía a Dios que nos diera un poco de tiempo, aunque solo fuera un par de días, pero que, por favor, nos diera tiempo, tiempo para despedirnos. Al menos eso fue posible.

Días antes de morir, una tarde la dedicó a contarme retazos de su historia; ya la conocía, pero en aquel momento me dio la sensación de que se estaba reconciliando con su vida, con sus momentos felices y sus momentos de dolor. Hubo un momento en que me dijo: «Tú tienes un buen marido; él te cuidará. En eso has tenido más suerte que yo». Esto fue como una puñalada. Yo ya sabía que en su matrimonio había sufrido, pero por eso me dolió.

En otro momento me dijo que en muchas cosas se veía reflejada en mí; recuerdo su expresión al decir esto. Intentaba decirme que se sentía orgullosa de mí. ¡Cuánto le agradezco aquella tarde! La escuchaba intentando no perder ningún matiz ni ningún significado profundo. Me parecía un sano recuerdo, como el que yo estoy haciendo ahora. Escuché lo que había detrás de sus palabras.

Como buena madre, en medio de su dolor, siempre estaba pendiente de si yo estaba tapada cuando dormía con ella, si estaba cómoda, si había dormido…; y yo, con estos gestos, revivía la niña que había dentro de mí. Esa niña que estaba teniendo la sensación de que estaba muriendo.

Esta tarde ha venido a mi recuerdo mi madre. Y ha permanecido conmigo un largo rato. Pero creo que estos momentos en que doy nombre a mi dolor y lo vivo en paz me ayudan a que la herida vaya cicatrizando.

Hay situaciones de celebración y fiesta en las que el recuerdo se hace particularmente vivo, como puede ser la celebración de la Navidad o de acontecimientos familiares intensos. Algunas personas creen que recordar a los seres queridos en estas situaciones es como estropear la fiesta. Hay quien no se permite expresar un recuerdo en público, precisamente para no ser considerado «aguafiestas»; y simula una celebración alegre cuando, en realidad, está sufriendo secretamente y en soledad, por el recuerdo de la persona querida que no está presente.

En otras ocasiones, algunas personas no se permiten celebrar, porque parece un agravio a la persona querida que ha muerto. Sin embargo, la verdadera celebración es aquella que es capaz de dar espacio —especialmente en el corazón— a las personas que no están, pero que se desea que estuvieran. La estrategia de hacerlos verbalmente presentes puede resultar conmovedora y —en cierto sentido— dolorosa, pero, seguramente, benéfica emocionalmente.

He aquí el testimonio —a mi juicio muy sano— de una mujer que, el día que se casaba, al empezar la celebración en la iglesia, leyó estas pocas líneas haciendo así presente a su madre muy recientemente fallecida:

> Hoy, Luismi y yo vamos a firmar nuestro compromiso de amor ante Dios. En este día tan señalado están presentes, en nuestra memoria y nuestro corazón, todos los seres queridos que ya se han ido: el padre de Luismi, tío Antonio y, especialmente, tú, mamá, que hace tan poco tiempo que te has marchado. Poco a poco estamos aprendiendo a vivir sin ti; y aunque no es fácil, porque tú lo llenabas todo, nos hemos dado cuenta de que la muerte miente cuando anuncia que se robará la vida, porque la vida es como una antorcha que va de mano en mano; y tú estarás siempre con nosotros, ocupando un sitio muy especial en nuestro corazón. Hoy le pido a Dios que notemos tu presencia más que nunca, para que nos des fuerza y que todos celebremos este día con gran alegría. Te quiero, mamá…

Recordar sanamente y caminar hacia la integración sana de la pérdida ha de llevar también a centrarse un poco en los demás y no solo en uno mismo. No está en mí todo el dolor del mundo. En efecto, uno se puede hacer también más sensible al dolor de los demás al evocar el propio[12].

Según pasan los meses vas recobrando la sensibilidad y empiezan a darte pena otras personas que

---

[12] Cf. M. BAUTISTA, *Duelos para la esperanza. Acompañamiento desde el grupo «Resurrección»*. Madrid, San Pablo, 2020.

sufren la falta de un hijo, como me pasa a mí. E incluso quieres ayudarles. Te acuerdas de esas madres que han perdido a sus hijos en Iraq, en los atentados, etc., y te preguntas: ¿cómo podrán esas madres superar esa pérdida? No tienen la suerte que yo tengo de contar con tanta ayuda –familia, amigos, libros, asociaciones, etc.–, y te parece aún más terrible que lo tengan que superar solas.

Mena Deva Goll, mujer que perdió a su marido Robert y sus dos hijos, que se suicidaron en su casa con gas, juntos, tras recibir él la solicitud de divorcio, al final de su libro, titulado *Hacerse con el perdón*, donde relata la historia de su duelo, es un ejemplo de esfuerzo inmenso de manejo del recuerdo, por el camino sano del perdón y de la reconstrucción de su propia vida, tan sufrida:

¿Realmente es necesario? ¿Todas esas terapias, esos viajes, esas confrontaciones difíciles?

Hoy ya no querría atravesar esas pruebas, pero estoy segura de que, en aquel momento, era lo que necesitaba. Tuve que ir hasta el final del sufrimiento, a través de mis miedos y mi necesidad de amor, para comprender que mi tormento venía de mí misma y de nadie más. Tuve que buscar fuera, cada vez más lejos, para al fin encontrar dentro de mí la respuesta a mis preguntas.

Sin embargo, sé desde hace tiempo que yo soy el origen de los acontecimientos de mi vida. Pero no hay trampa más grande que la del intelecto. ¿Para qué puede servir un saber si no está encarnado en nuestra propia vida? [...]

La muerte de Robert y de los niños, ¿era evitable? No lo sé. Aun cuando he recibido muchas respuestas en mis diversos caminos, no puedo afirmar nada acerca de ello.

Mis múltiples tribulaciones me han demostrado que lo que me parecía imposible, no lo es forzosamente. Pero eso no concierne sino a mis propias experiencias. He adquirido convicciones íntimas profundas, pero no constituyen prueba alguna. No tengo nada que explicar a los demás si no es que, para mí, mi duelo ocurrió tal como lo cuento en este testimonio. No sé si está bien ni sé si está mal. Es, sencillamente, mi historia.

Tenía unas ideas muy precisas acerca de la vida y del mundo. Poseía algunas «verdades» de las que me sentía orgullosa. Criticaba a quienes no las compartían y ponía etiquetas a las personas de mi entorno. Evidentemente, ellos hacían otro tanto. Yo me apegaba a ciertos valores, cuidaba mi apariencia y era sensible al juicio de los demás.

Entonces, cuando de pronto lo esencial desapareció de mi vida, me quedé confrontada a lo que era verdad en mí. Las fachadas no me eran de ninguna utilidad ni, por otra parte, las demás personas tampoco. Solo quedaba yo para sumergirme en las profundidades de mi alma y desentrañar la fuerza de vivir y comprender [...] Hoy estoy en condiciones de percibir de los demás lo que me ha ayudado a crecer y afirmarme [...]

Mi apertura espiritual es, sin duda, el más hermoso regalo que he recibido hasta este mismo día. Esta travesía de la vida y de la muerte me ha revelado que no hay más que un puente muy estrecho entre estas dos realidades. Una vez más, se trata únicamente de un testimonio, ya que la fe no se demuestra, se vive. Lo que es seguro es que, desde el día en que opté por la vida y la autenticidad, me sentí guiada hacia seres y lugares que me ayudaron a abrir progresivamente mi corazón y mi espíritu[13].

Lejos de nosotros la idea de que «el tiempo todo lo cura», como a veces dice la gente. La medicina del tiempo, tomada por sí misma, no es segura. El tiempo es neutral. Lo que ayuda es lo que hace cada uno con el tiempo[14]. La pérdida, eso sí, nos puede ayudar a vivir el tiempo futuro en una nueva clave, más gratificante, también fruto de la capacidad de aprender de la muerte. Gabriel García Márquez ha expresado muy bien este pensamiento:

> Si Dios me obsequiara con un trozo de vida,
> vestiría sencillo,
> me tiraría de bruces al sol,
> dejando descubierto no solamente mi cuerpo, sino mi alma.
>
> Dios mío… si yo tuviera corazón,
> escribiría mi odio sobre el hielo y esperaría a que saliera el sol…
> Regaría con mis lágrimas las rosas
> para sentir el dolor de sus espinas y el encarnado beso de sus pétalos…

---

[13] M. DEVA GOLL, *Hacerse con el perdón*, o. c., pp. 230-232.
[14] Cf. E. A. TROLLMAN, *Vivir cuando un ser querido ha muerto.* Barcelona, Ediciones 29, 1993, p. 88.

Dios mío… si yo tuviera un trozo de vida…
no dejaría pasar un solo día sin decir a la gente que
quiero
que la quiero.

Convencería a cada mujer u hombre que son mis
favoritos
y viviría enamorado del amor.

A los hombres los probaría cuán equivocados están
al pensar que dejan de enamorarse cuando envejecen,
sin saber que envejecen cuando dejan de enamorarse.

Siempre hay un mañana,
y la vida nos da otra oportunidad para hacer las
cosas bien;
pero, por si me equivoco, y hoy es todo lo que nos
queda,
me gustaría decirte cuánto te quiero;
que nunca, nunca te olvidaré.

7

QUÉ LES DIGO A LOS NIÑOS

Una de las preocupaciones de muchas personas cuando se enfrentan al duelo es cómo manejarse con los niños. ¿Hasta qué punto hay que explicarles? ¿Qué y cómo hay que decirles? ¿Hay que darles participación en los funerales? En el fondo, ¿cómo ayudar a los niños cuando en la familia fallece un miembro.

1. Los niños y la muerte

No nos vamos a ocupar aquí sobre la muerte de los niños[1], que representa un tema realmente importante e interesante, especialmente para quien tiene la desgracia de acompañar a sus propios hijos o hermanos menores. Ellos también son sujetos de su propia muerte y elaboran su duelo anticipado. A veces ayudan de manera elegante a los mayores a prepararse para su muerte. Pensamos más bien sobre cómo viven los niños la muerte de sus seres queridos.

Comúnmente se cree que los niños de nuestra cultura apenas sufren disgustos —o se pretende que no tengan ninguno—, y, cuando sufren una pérdida, se ofrece rápidamente un sustituto —algo que se pretende que sustituya al objeto perdido—, negándoles así la

------

[1] Cf. J. Bowlby, *Vínculos afectivos*, o. c.

posibilidad de apreciar los beneficios que obtenían del objeto perdido y de la expresión, vivencia o afrontamiento de su dolor[2]. El «sustituto» —ya no como «amortiguador» de su pena y dolor— se convierte en un «distractor» de la realidad que ha observado y que no le permite considerar y analizar según sus propias posibilidades, pues «hay que evitarles todo dolor». Extraño planteamiento este.

La forma en que el niño se adapta a la pérdida de algún objeto real o imaginario depende de muchos factores: la edad del niño en el momento de la pérdida, las características de la persona/objeto perdido: si se trata del padre, de la madre, del hermano, de la mascota, del juguete, etc.; la relación particular del niño con la persona/objeto perdido —grado de apego o familiaridad con lo perdido—; las características de la pérdida —repentina, lenta o violenta—; la sensibilidad y ayuda de los miembros supervivientes de la familia ante sus sentimientos y necesidades emocionales; su propia experiencia de pérdidas anteriores; su herencia familiar, enseñanza religiosa y cultural; la actitud que ha adquirido —aprendido— a través de la observación de la reacción de sus padres, otros adultos y compañeros ante la muerte de otros, etc.

Por otra parte, cuando se produce una muerte en la familia, se presenta un fenómeno muy común, y en algunos sectores la norma de que los niños son extraídos del entorno familiar inmediato. Se los lleva a otra parte para que «no presencien el dolor y no se

____

[2] Cf. A. PANGRAZZI, *El dolor no es para siempre. Los grupos de ayuda mutua en el duelo.* Santander, Sal Terrae, 2016, p. 71.

angustien», mientras los adultos se dedican a sufrir su propia pena, prescindiendo de consolarlos.

A pesar de los estudios que se han realizado sobre el concepto infantil de la muerte, no hay una idea clara de las respuestas de un niño menor de 4 años. El niño menor de 6 años percibe la muerte como «separación de sus seres queridos», lo cual le resulta espantoso. Para él, «estar muerto» es una especie de continuidad de la vida, una simple merma de la vitalidad, que puede ser interrumpida al igual que el sueño, un fenómeno reversible. Su pensamiento mágico confunde fantasía y realidad; el concepto temporal del «para siempre» de la muerte no existe. Por otra parte, no pueden tolerar tales sentimientos dolorosos durante largos períodos de tiempo, de forma que su aflicción es intensa y breve, a la vez que recurrente.

Entre los 5 y los 9 años, más del 60 % de los niños personifican la muerte como un ser con existencia propia o la identifican con una persona muerta: la muerte es invisible, pero acecha a escondidas por la noche, especialmente en las zonas donde hay cadáveres, como los cementerios.

El niño mayor de 6 años percibe la muerte como un «castigo por malas acciones»; comienzan a aparecer las consecuencias de su educación religiosa, social y familiar. Sin embargo, la etiología de la muerte no es consistente; sus respuestas van encaminadas a causas específicas más que a procesos generales: flechas, pistolas, cuchilladas, explosiones, ataque al corazón, vejez, etc. Durante este período hay una auténtica curiosidad por ver lo que ocurre después de la muerte[3].

Sin duda, el acompañamiento a los niños depende, en gran medida, de su edad[4]; siendo la clave principal estar atentos a sus preguntas, a sus reacciones, a su conducta, favoreciendo la expresión de sus pensamientos y sentimientos.

Recuerdo haber acompañado a distintos niños en el fallecimiento de algunos seres queridos. Recuerdo también haber visto acompañar, dar participación o quitársela en todo lo que acompaña a la muerte. No creo, en todo caso, que negar la muerte a los niños sea el camino más correcto, especialmente cuando resulta que están jugando –al menos a partir de una cierta edad– con la muerte cada día, con los videojuegos o con cualquier otro utensilio con el que simulan la muerte y «dicen» la muerte.

2. Los niños también viven la muerte

Ayudar a los niños que, en efecto, viven la muerte de un ser querido quiere decir ayudar al ritmo propio del niño y atender especialmente a sus expectativas y demandas. También ellos han entablado un vínculo, determinante en la experiencia del duelo[5]. Parece

---

[3] Cf. http://www.homestead.com/montedeoya/ninos001.html.

[4] Cf. M. Esquerda / A. M. Agustí, *El niño ante la muerte*. Lérida, Milenio, 2012.

[5] Cf. M. Magaña, *Introducción al duelo. Aspectos básicos para entender el proceso del duelo y su vivencia*. Santander, Sal Terrae, 2021, p. 24.

realmente oportuno dar espacio a la comunicación de los sentimientos y aceptarlos como tal. Es fácil caer en el tópico de decir «no llores» y, a la vez, sentir el deseo de llorar con los niños, lo mismo que sentimos el deseo de reír cuando participamos en experiencias alegres.

No es infrecuente excluir a los niños y adolescentes de la participación de los ritos que acompañan al fallecimiento de un ser querido. Como si se tratara de cosas mayores y ellos no estuvieran preparados para asumirlo. Sin embargo, la experiencia me ha confirmado que, en efecto, la participación de los niños en la verdad de la muerte y en los momentos importantes de los ritos fúnebres es un acierto para ayudarles a vivir sanamente la pérdida y para acompañarlos en el proceso educativo.

Una educación que no caiga en el error de querer ocultar la muerte o domesticarla tanto que pierda su aguijón humano, como parece que hace la pantalla al presentarla tan cotidiana, tanto en las películas como en las noticias, que la tenemos hasta en la sopa, en la merienda y en los dibujos animados. Pero luego, cuando la tenemos de verdad, experimentamos la tentación de excluirlos de participar en ella. Delicadamente los retiramos para protegerlos, como si no tuvieran fuerzas para vivirlo de cerca o como si fuera algo solo apto para mayores. Ya sabemos cuáles son algunas implicaciones de esta actitud: una cultura que no se hace familiar con el fracaso, con la limitación, con la espera y la esperanza; una cultura de lo inmediato y eficaz, del éxito y de la respuesta correcta a orden de tecla.

Recuerdo estar acompañando a mi amiga Ana después del entierro de su madre. Su sobrina Sonia, de 12 años, llamó al timbre de su tía. Llamó al timbre, pero no quería nada. Venía de su casa. Buscaba a su tía, alguien con quien estar y con quien llorar. Por la mañana, Sonia había participado en el funeral de su abuela. Y digo «participado» porque no solo había ido a la eucaristía-funeral, sino que había leído en la celebración una carta que hacía pocos días había hecho llegar a su abuela al hospital. Una carta en la que le decía, entre otras cosas, que estaba muy triste y que «se le rompía el corazón al pensar que se podía morir».

Cuando Sonia me contaba el modo en que había participado en el funeral y el contenido de la carta que luego depositó encima del ataúd para que «se la llevara con ella», a mí «se me rompía el corazón». Sentía dentro de mí, hondamente, la densidad de la tristeza que inundaba el pequeño —quiero decir «grande»— corazón de Sonia. Me sentía impotente al no encontrar recursos que pudieran servir de ayuda a la llorosa y triste nieta.

Ingenua de mí —como creo que nos pasa un poco a todos—, buscaba afanosamente algo que decirle para consolar aquella tristeza desgarradora, libre de rabia. Parecía solo tristeza triste, arraigada en un realismo tal que me desmarcaba. ¡Cuántas veces habré propuesto renunciar a buscar palabras para consolar en situaciones así! Y, sin embargo, también yo, en esta ocasión, las buscaba y no las encontraba —¡gracias a Dios!—. Quizá eso me llevó a compartir su dolor también con mis lágrimas. «Sonia, me has hecho llorar», le dije tímidamente. Supongo que me sentiría cercana en ese momento.

Se me ocurrió decirle que podía seguir escribiendo cartas a su abuela, para contarle cómo se sentía, pero su realismo me desarmó de nuevo: «¿Y adónde las mando?», me dijo con su voz infantil y llorosa. «No la veré más hasta que yo me muera». Como si me quisiera ayudar a tomar conciencia de que la muerte es muerte y que su tristeza era, precisamente, reflejo de que estaba asumiendo la realidad: «Nunca más la veré». Creo que a mí me costaba más darme cuenta de que ella había aceptado muy bien que su abuela había muerto, y que eso, sencillamente, le hacía sentirse «muy triste, sencillamente muy triste», como ella misma me repetía con clarividencia más propia de adulto, o eso creía yo al menos.

3. Pistas de prudencia para hablar de la muerte con los niños

Si es cierto que la participación de los niños en la muerte de los seres queridos, no excluyéndolos de los lugares donde acontecen las cosas significativas, es una buena pista para educar de manera sana, es cierto también que no todos los niños son iguales y que no a todas las edades se puede participar del mismo modo[6].

Muchas personas se preguntan si no serán muy pequeños o si no será una experiencia demasiado traumática. No son pocas las ideas erróneas que hay que

----

6 Cf. C. SANTAMARÍA, *El duelo y los niños*. Santander, Sal Terrae, 2010, pp. 75-125.

desmontar al respecto. Un contexto privilegiado para hacerlo adecuada y prudentemente es, sin duda, el ámbito escolar, ayudándose de los recursos existentes[7]. No hay una respuesta unívoca, pero creo que todos pueden beneficiarse significativamente de la participación, más o menos parcial, en la verdad y en los ritos, con la condición de que los preparemos y respondamos a sus preguntas. Que un niño vea un cadáver puede preocuparnos, pero puede ser más peligrosa la fantasía.

En efecto, la exclusión de los niños, tanto de la noticia de la muerte como de la participación en los ritos y encuentros relacionados con ella, pueden favorecer interpretaciones equivocadas y crear mayor ansiedad.

Hay personas que evitan ser vistas por los niños cuando lloran la muerte de un ser querido; otras que la explican diciendo que se ha ido a un viaje largo; otras diciendo que Dios se lo ha llevado al cielo, que desde el cielo nos ve. Estos son planteamientos peligrosos que pueden favorecer reacciones poco saludables en los niños. De hecho, de ellos se podrían seguir estas conclusiones: si no lloran, no le querían mucho; si se ha ido de viaje y no vuelve, nos ha abandonado; si Dios se lo ha llevado al cielo, no es justo ni bueno; si desde el cielo nos ve, se ha convertido en un espía que nos puede perseguir.

Quizá la pista más saludable para acompañar a los niños a elaborar el duelo sea la de darles participa-

---

[7] Cf. *Guía para educadores. El duelo en el ámbito escolar.* Madrid, Escuelas Católicas, 2019.

ción en la muerte, valorando individualmente cada caso, dando respuestas claras y sencillas a las preguntas, aceptando y haciéndoles ver que tampoco los adultos entendemos todo, que la muerte forma parte de la vida, aunque nos duela, y que precisamente eso es lo que la hace preciosa y vivible.

Como en todo tipo de dolor, la contemplación de la naturaleza parece que es una pista sana de reflexión. Ayudar a un niño a comprender la muerte de una persona querida, utilizando la comparación de la muerte de las plantas y de los animales más cercanos a él, puede ser una ayuda para no escaparse de la respuesta a preguntas y curiosidades que manifestará, si se le proporciona una buena participación. La clave es la verdad. «La mentira es acomodaticia, pequeña transgresión asumida por el público en general y dispensada con facilidad en lo que a las vidas privadas se refiere. Argumentos como mentir para no hacer daño, para no preocupar, para no generar conflictos, son los que utilizamos en el día a día para seguir mintiendo»[8].

Utilizar fotografías o verbalizar recuerdos para dar espacio en la memoria y en la relación a la persona perdida puede ser un modo sencillo de manifestar que sigue viva en nuestro corazón. A algunos niños puede invitárseles a escribir lo que sienten o a escribir al ser querido fallecido, para que den cauce así a lo que llevan dentro. He aquí el fragmento de una carta escrita por una niña de 11 años:

<hr>

[8] J. C. Bermejo / R. M. Belda, *La persuasión. Las palabras en las relaciones de ayuda.* Santander, Sal Terrae, 2023, p. 115.

Mami, estoy más triste que nunca, te mando esta carta porque necesito escribirte, y mi tía me dijo que, cuando me sintiera muy triste, te escribiera; y las cartas que fuera teniendo las podía ir guardando en una cajita y dárselas a ella; y, si quería, el día de tu cumpleaños las podríamos quemar para que así llegaran a ti de alguna manera.

Hemos tenido que quitar algunas fotos tuyas del comedor, porque cada vez que las veo me pongo a llorar.

En casa estamos todos muy tristes. Hace más o menos cuatro días fui a casa y me senté en el rincón del sofá donde solía ponerme contigo. Me puse a llorar mucho, porque me acordaba de ti; cogí un cojín donde ponías tu cabeza y lo olí. En ese momento…, ya ni te cuento… No te escribo más, porque estoy muy triste y no paro de llorar. Te quiero, mami.

Una de las escenas más densas de la película *Tierras de penumbra* y del libro *Una pena en observación*[9] es aquella en la que Lewis, pareja de la difunta mujer, es invitado a acercarse al hijo tras el funeral. Es allí donde se muestra con mayor crudeza el poder de la muerte y donde se comparten los sentimientos de dolor, precio del amor que les unió en vida. Y también donde se caen todos los esquemas. El niño le dice a Lewis: «Me dijiste que rezara por mamá para que se curara; yo he rezado mucho, pero se ha muerto; la oración no funciona ¿verdad?». Y, desgarrándose en llanto, comparte con las lágrimas que la

9 C. S. LEWIS, *Una pena en observación*. Barcelona, Anagrama, 1997.

naturaleza de la oración por la vida y la salud es otra que la de una ecuación matemática, como también la naturaleza del sufrimiento es otra que la de los buenos esquemas racionales utilizados por Lewis hasta entonces en tantas conferencias. El amor tiene otras leyes, y son esas las que han de seguirse en el acompañamiento a los niños en la elaboración del duelo. Nada mejor que hacerles protagonistas de la narración del modo en que lo viven. Invitada a escribir cómo había vivido la muerte de su abuelo, Marisa, con 14 años, escribe así a los dos meses:

Ahora estoy en clase de Inglés, aburrida y sin ganas de hacer nada, aunque muy pensativa. Apenas hace dos meses que murió el abuelito y noto mucho su ausencia. También echo de menos a la abuela; ¡he pasado tan buenos momentos con él!…

Recuerdo la última vez que la ingresaron; y recuerdo que un día antes le lavé los pies para que se sintiera más relajada y más aliviada; estaba muy cansada, y después me fui con mis amigas.

Ahora, muchas veces me arrepiento de no haber pasado más tiempo contigo; las veces que me decía que me quedara en el sofá contigo. Estábamos los tres muy unidos. Cuando mi hermana o yo estábamos malas, ella siempre se quedaba con nosotros y el abuelito iba a comprar los medicamentos.

Me acuerdo de la última vez que vi a la abuelita; fue en el hospital y se puso muy contenta de verme.

Cuando faltó ella, me llevé una gran desilusión. Me acuerdo de que vino mi tío Javi a mi colegio. Yo tenía 13 años y estaba en 1º de ESO. Estaba en el patio y me llevé una alegría al verlo, porque no llegué a pensar nada. Me dijo que tenía el coche arriba y fuimos. Y entonces me dijo: «Marisa, me duele tener que decirte esto, pero la abuela ha muerto esta mañana». Me quedé helada, no podía hablar y se me cayó el mundo encima; ni me lo creía. Pero me lo tenía que creer, porque Javi no mentía, y menos en eso. Empecé a llorar y a llorar; y cuando me tranquilicé un poco empecé a preguntar qué había pasado, cómo había sido…

Al día siguiente fue el entierro. Fue un 9 de mayo muy triste. Un año después murió mi abuelito. Él se murió en casa, por la noche, de repente.

Cuando me lo dijeron, fui enseguida a su casa. Entré en su habitación y él estaba allí con mi tía Juani. Ella tenía los ojos muy llorosos y le di un abrazo. Nos quedamos allí un buen rato; ella lo acariciaba el brazo y yo le cogí su mano. Él tenía la cara un poco rara, como seria, pero como con una sonrisa encerrada.

Mi hermana no quiso verlo, porque dijo que prefería recordarlo vivo. Luego llegaron los de la funeraria y yo me fui con unas amigas que vinieron.

Kübler-Ross no duda en responder favorablemente en relación con la presencia de los niños en el cementerio. Cuando le preguntan «si un niño quiere ir al cementerio con frecuencia, tras la muerte de su padre, ¿se puede hacer algo para ayudarle?», ella responde: «Sí, yo le acompañaría al cementerio y no haría nada para disuadirle. Me preocupan mucho más los familiares que no van al cementerio y que evitan hablar de la muerte que los que hacen frente a la realidad y van al cementerio a llorar su pena»[10].

Aun a riesgo de simplificar, podríamos decir que seis reglas para hablar de la muerte con los niños son

– no engañar al niño;

– dar a las preguntas del niño respuestas simples y directas;

– intentar comprender el contexto emocional y el grado de desarrollo del niño para responder a sus preguntas adecuadamente;

– permitir que el niño participe en el funeral, tras explicárselo y preguntarle;

– transmitir nuestra propia esperanza, nuestra propia confianza, de forma espontánea, lo que a nosotros nos ayuda también a afrontar la muerte, con ejemplos cotidianos o de nuestra propia experiencia;

– dar todo el cariño y ternura que necesiten[11].

También aquí, con los niños, funciona la regla que funciona para la relación con los enfermos graves o terminales, y que Marcos Gómez Sancho formula así: «La verdad es antídoto del miedo. La verdad es un potente agente terapéutico. Lo terrible y conocido es mucho mejor que lo terrible y desconocido»[12].

> Amor mío, si muero y tú no mueres,
> amor mío, si mueres y no muero,

[10] E. Kübler-Ross, *Preguntas y respuestas a la muerte de un ser querido*, o. c., pp. 100-101.

[11] Cf. *Sociología de la muerte*. Madrid, Sala, 1974, pp. 157-158.

[12] M. Gómez Sancho, *Cómo dar malas noticias en medicina*. Madrid, Aula Médica, 1996, p. 58.

no demos al dolor más territorio:
no hay extensión como la que vivimos.

Polvo en el trigo, arena en las arenas,
el tiempo, el agua errante, el viento vago
nos llevó como grano navegante.
Pudimos no encontrarnos en el tiempo.

Esta pradera en que nos encontramos,
¡oh pequeño infinito! Devolvemos.
Pero este amor, amor, no ha terminado,

y así como no tuvo nacimiento
no tiene muerte, es como un largo río,
solo cambió de tierras y de labios.

PABLO NERUDA

A MODO DE CONCLUSIÓN

No quiero terminar estas páginas sin hacer partícipe al lector de la pasión con las que las he escrito. Nacen de un profundo y sentido deseo de ayudar a quienes sienten en carne viva el dolor por la reciente pérdida. Tengo puesta mi esperanza en que no habrán sonado como palabras huecas, vacías, como de aire, que no contienen nada. Tengo puesta mi esperanza en que el lector encuentre en ellas eco de lo que vive y comprensión en los testimonios de otras personas que atraviesan por la misma estación de la vida.

Nadie puede amar sin dolerse. Nadie puede morir sin dejar a alguien dolido detrás de él. Parece una ley que impone esta experiencia de pasión por la vida y el amor. Pero esta ley, vivida a veces como cruel, no lo es realmente si se encuentra algún alivio en la relación; en la relación sana con uno mismo, con los demás y con Dios, para el creyente.

Experimentar la muerte de un ser querido y el sufrimiento que nos genera la pérdida de una parte de nosotros mismos con su muerte es una realidad que nos define a todos los seres humanos. Al pretender ayudar a otros, consolarles, acompañarlos en el afrontamiento del duelo, nos sentimos todos sanadores heridos[1], con el potencial de comprensión de la

---

[1] Cf. J. C. BERMEJO, *El sanador herido. Humanizar las relaciones de ayuda*. Bilbao, Desclée de Brouwer, 2022.

experiencia ajena subido de volumen a partir de nuestros duelos.

Pero ¿es posible pensar que la muerte de mi ser querido, además de desgarro, nos pueda enseñar a vivir y humanizarnos? ¿Hay acaso algo de positivo que podamos encontrar en la muerte o en el proceso del morir o del acompañamiento a quien vive su propia muerte –si no se la expropian– que nos pueda aportar algo de interés? ¿No es la muerte de un ser querido una pérdida dolorosa que, sobre todo, nos desgarra y nos pone en crisis?

Sí, la muerte de un ser querido es, ante todo, un desgarro. Pero puede enseñarnos a vivir con más hondura, porque reclama valores que fácilmente pueden estar relegados en la cotidianidad, valores evocados más por el sentimiento que por la razón, valores que reclaman relación y acompañamiento. Si estoy en duelo, puedo constatar que, en efecto, estoy viviendo un momento de especial verdad, de particular densidad.

El duelo apunta en el cuaderno de la vida una nota de verdad, como decíamos al empezar estas páginas. No permite, como otras situaciones de la vida, un total ocultamiento. Reclama verdad. También por eso surgen dificultades relacionales entre familiares –y, en otras ocasiones, es ahí donde se resuelven–, porque revela verdad, nuestra verdad más hermosa –el valor del amor– y más trágica: la soledad radical y las tendencias egocéntricas e interesadas.

Quiero recoger aquí algunas sencillas y personales palabras escritas por Rosa Belda en el libro *Salud y sexo. Humanizar la sexualidad,* como reflejo de esa ternura que puede habitar en un recuerdo coloreado de nostalgia, pero también de sabor a vida y de agradecimiento por tanto compartido con el ser querido:

¿Te acuerdas, hombre de mi corazón? Recuerdo el viento rozando mi pelo y tu abrazándome, detrás de mí, suave y ligero, como quien no quiere apropiarse.

¿Te acuerdas, mujer de mi corazón? Recuerdo que me acariciabas el pelo, y que el mar sonaba delante de nosotros, que nuestros pies jugaban con la arena, que nuestros dedos jugaban.

¿Te acuerdas, hombre de mi corazón? Recuerdo cuando aprendí a sostenerte la mirada; aprendía a la vez a sostenerte en el dolor, en la tristeza, en la debilidad, en la desesperanza, en la enfermedad.

¿Te acuerdas, mujer de mi corazón? Recuerdo una noche, cuajada de estrellas, que salimos a recibir juntos, después de encontrarnos aún furtivamente.

¿Te acuerdas, hombre de mi corazón? Recuerdo, mejor que una imagen, cuando tu piel se deslizaba debajo de la mía, entre las manos, cuando casi me confundía, y ya las células se nos habían mezclado tanto que la percepción no sabe lo que es más cierto; solo sabe que existe un aquí y un ahora.

¿Te acuerdas, mujer de mi corazón? Recuerdo el olor de la hierba mojada, el sonido de la lluvia, el ruido de las vacas con sus cencerros; recuerdo el silencio, solo lleno del sonido de los labios y las caricias.

¿Te acuerdas, hombre de mi corazón? Recuerdo un caballo blanco en mitad de alguna carretera, sorprendente y mágico, parecía de cuento. Recuerdo el muérdago, el arroyo que canta, el sonido de los pájaros, las pisadas entre las hojas. Recuerdo una cabaña, recuerdo tantas cabañas, tantos lugares fabricados de cariño, tantos que no han sido los de cine, pero que hemos recreado entre los límites amplios de tu cuerpo y el mío.

¿Te acuerdas, mujer de mi corazón? Recuerdo entrecruzar las piernas debajo de las mesas contigo, y comer pan mirándote y reconociéndote[2].

Quiera Dios que los que pretenden decir una palabra a quien cultiva el recuerdo de un ser querido encuentren más inspiración en la escucha que en deseo de consolar fácilmente. Quiera Dios que nos ayude a poner «más corazón en las manos», como decía san Camilo a sus compañeros, pero también más corazón en la mente, en nuestras palabras, en nuestros oídos, para acompañar con esa especial sabiduría del corazón a quienes, como también yo, sufrimos al perder.

---

[2] R. M. Belda / J. C. Bermejo, *Salud y sexo. Humanizar la sexualidad.* Madrid, San Pablo, 2004, pp. 163-164.

ÍNDICE

- **Estoy deprimido. ¿Cómo salir de aquí?**, Alejandro Rocamora Bonilla
- **La visita al enfermo**, José Carlos Bermejo
- **Estoy en duelo**, José Carlos Bermejo (13ª ed. rev. y aum.)
- **Estoy enfermo**, José Carlos Bermejo y Mari Patxi Ayerra
- **Tomar decisiones. Del proceso interior a la práctica ética**, Rosa María Belda Moreno
- **Humanización y Evangelio**, José Carlos Bermejo (coord.)
- **Las cinco pulgas del duelo**, José Carlos Bermejo, Marisa Magaña y Marta Villacieros
- **Pedagogía de los sentidos**, Consuelo Santamaría
- **Sanar la culpa**, José Carlos Bermejo, Alejandro Rocamora y Toni Catalá
- **Inmunoterapia ética**, Francisco Javier Rivas Flores
- **Camilo, un sanador herido**, Consuelo Santamaría
- **Humanizar el cuidado**, José Carlos Bermejo
- **Ética para la acción social**, Francisco Prat
- **Gracias, Padre bueno. Oraciones que sanan**, José Carlos Bermejo.